HIGHLIGHTS PERU

DIE 50 ZIELE, DIE SIE GESEHEN HABEN SOLLTEN

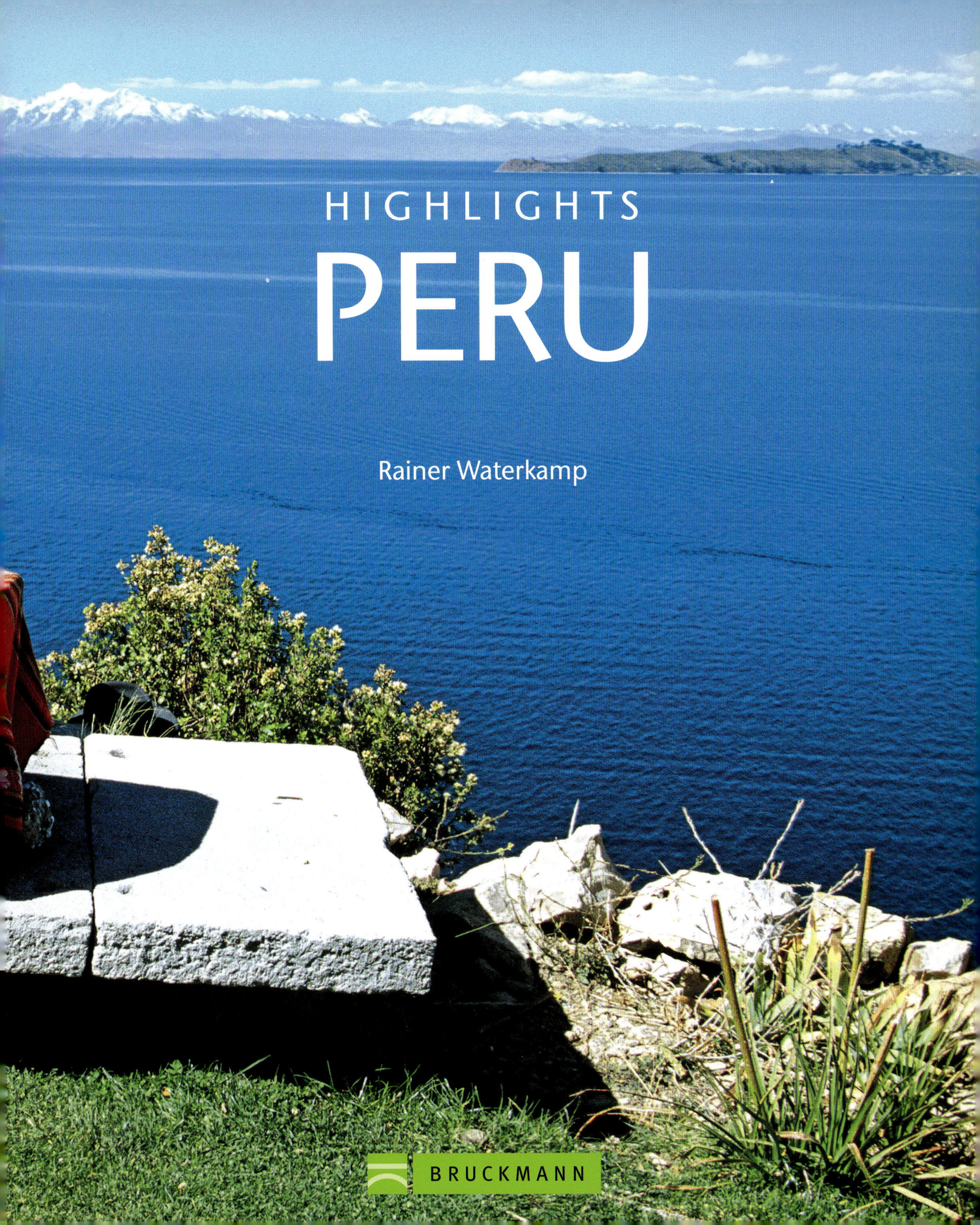
HIGHLIGHTS
PERU
Rainer Waterkamp
BRUCKMANN

Mann in traditioneller Tracht und mit Panflöte (oben). Blühende Kakteen aus dem Hochland bei Abancay (Mitte). Prozession von Mädchen zu Ehren des Schutzheiligen von Arequipa (unten).

Inhaltsverzeichnis

Peruanische Schweiz 88

Peruanisches Hochland 102

Am Titicacasee 140

Amazonas 150

Verkaufsstand mit süßen Churros in Chachapoyas (oben). Bunt gewebte Stoffe in Chinchero (Mitte). Mädchen aus Chinchero (unten).

1 Lima
2 Huancayo
3 Cerro Sechín
4 Chimbote
5 Huanchaco
6 Trujillo
7 Zeugnisse der Chimú-Kultur
8 Pyramiden
9 Chan-Chan
10 Jaén
11 Cajamarca
12 Chachapoyas & Co
13 Kunturhuasi
14 Chiclayo
15 Lambayeque
16 Piura
17 Tumbes
18 Pachacámac
19 Pisco
20 Tambo Colorado
21 Paracas & Ballestas
22 Incahuasi
23 Ica
24 Nazca
25 Arequipa
26 Colca Cañon
27 Toro Muerto
28 Tacna
29 Chavín de Huántar
30 Nationalpark Huascarán
31 Huaraz
32 Yúngay
33 Caráz
34 Die Entenschlucht
35 Cusco
36 Sacsayhuamán
37 Andahuaylillas
38 Pisac
39 Ruinen von Pisaq
40 Chinchero
41 Ayacucho
42 Am Heerlager des Königs
43 Auf dem Inka-Pfad
44 Machu Picchu
45 Von Cusco zum Titicacasee
46 Titicacasee
47 Puno
48 Sillustani
49 Amazonas-Tiefland
50 Manú-Nationalpark

KOLUMBIEN
ECUADOR
BRASILIEN
PERU
BOLIVIEN
CHILE
PAZIFISCHER OZEAN
Highlights
Lima und die Peruanische Nordküste
Peruanische Südküste
Peruanische Schweiz
Peruanisches Hochland
Am Titicacasee
Amazonas
0
100 km
N
Cápac Ñan
1 Lima
2 Huancayo
3 Sechín
4 Chimbote
5 Cajamarca
6 Trujillo
7 La Huaca Arco Iris
8 Moche-Pyramiden
9 Chan Chan
10 Nationalpark Cutervo
11 Thermalquellen Baños del Inca
12 Kuélap
13 Kunturhuasi
14 Chiclayo
15 Túcume
16 Piura
17 Tumbes
18 Pachacámac
19 Chincha Alta
20 Tambo Colorado
21 PEN. DE PARACAS
22 Inkahuasi und Naupahuasi
23 Ica
24 Nazca
25 Arequipa
26 Cañon de Colca
27 Toro Muerto
28 Tacna
29 Chavín de Huántar
30 Huascaran-Nationalpark
31 Huaraz
32 Yungay
33 Caráz
34 Río Santa
35 Cusco
36 Sacsayhuaman
37 Andahuaylillas
38 Pisac
39 Pisaq
40 Chinchero
41 Ayacucho
42 Bahnfahrt Cusco – Machu Picchu
43 Inka-Trail
44 Machu Picchu
45 Abra La Raya
46 Tiahuanaco
47 Puno
48 Grabtürme Sillustani
49 Iquitos
49 Pucallpa
49 Puerto Maldonado
50 MANÚ-NATIONAL-PARK
Colán
Macará
Sullana
Paita
Olmos
Jaén
Lambayeque
Batan Grande
Gräber von Sipán
Huanchaco
La Huaca del Sol
La Huaca de la Luna
Casma
Paramonga
Caral
Gocta Wasserfall
Chachapoyas
Leimebamba
Tingo María
Huanuco
Jauja
Huancavelica
Pisco
I. BALLESTAS
Cahuáchi
Líneas de Nazca
Puerto Inca
Camana
Moquegua
Arica
Cañon de Cotahuasi
Cruz del Cóndor
Nevado Chachani 6075 m
Nevado Misti 5835m
Abancay
Sicuani
Ayaviri
Juliaca
Islas Flotantes de los Uros
I. AMANTANÍ
I. TAQUILE
Santiago de Huata
La Paz
Copacabana
Lago Titicaca
Nev. Ausandate 6398 m
4312 m
Espiritu Pampa Vilcabamba
Cord. Vilcabamba
Leticia
Amazonas
Marañón
Huallaga
Ucayali
Río Marañón
Cord. Blanca
Mantaro
Ene
Apurímac
Urubamba
Madre de Dios
Tambopata
Río Colca
Cord. Real
A N D E N

Das Parlamentsgebäude in Lima (oben). Junge Frau auf dem Markt von Pisac (Mitte). Fischer mit ihrem Fang in Lambayeque (unten). Alpakas in der Puna (rechts oben). Mit ihren Binsenbooten fahren die Männer hinaus aufs Meer (rechts unten).

Peru – Traumland in den Anden

Heimat der Inka

Peru ist ein Land, das atemberaubende Landschaften mit einem reichen kulturellen Erbe verbindet. So vielfältig wie die Natur sind auch die Menschen, die dort leben: Nachfahren der indianischen Urbevölkerung, Mestizen – Mischlinge aus Weißen und Indianern –, Mulatten und Kreolen – die in Peru geborenen Nachkommen der spanischen Einwohner. Es ist ein Land mit aufregender Gegenwart und bewegter Vergangenheit.

Peru ist ein Land mit alter Kultur. Vor allem an der Küste und im Hochgebirge künden Stätten hoch entwickelter indianischer Kulturvölker sowie Bauwerke aus der spanischen Kolonialzeit vom reichen kulturellen Erbe dieses südamerikanischen Landes.
Die Pracht der Inka sowie vieler anderer Völker sind zwar inzwischen versunken, doch Überreste dieser alten Kulturen zeugen noch allerorten von deren einstiger Pracht. So ist Machu Picchu, die verlassene Inkafestung, in den letzten Jahren ein touristisches Highlight ersten Ranges geworden. Kaum ein Peru-Urlauber will diesen Ort nicht besuchen – mittlerweile mit offenkundig werdenden negativen ökologischen Folgen. Dagegen sind andere Sehenswürdigkeiten wie Kuélap hoch im Norden touristisch bisher kaum erschlossen, obwohl sie von ähnlich überragender archäologischer Bedeutung und Machu Picchu durchaus ebenbürtig sind.

Land der Superlative

Peru ist ein Land der Superlative. Es bietet zahlreiche Attraktionen für Studienreisende, die an Kultur und Geschichte interessiert sind, da es eine Fülle an historischen und architektonischen Sehenswürdigkeiten aufzuweisen hat. Das Land kann mit Kulturschätzen und Ausgrabungsstätten aufwarten, die von unermesslichem Wert sind und den Vergleich mit anderen ehrwürdigen Kulturen nicht zu scheuen brauchen.
Peru ist auch ein Land für Naturliebhaber, die die Schönheiten der andinen Gebirgswelt auf Wander- und Trekkingpfaden erkunden. Man kann die grandiose Einsamkeit der Puna und des unverkennbar indianisch geprägten Altiplano mit einheimischem Bus oder der Bahn hautnah erleben – eine Zugfahrt von Cusco nach Puno beispielsweise oder die Fahrt nach Machu Picchu ermöglichen dieses unvergessliche Erlebnis ohne Stress.

Junge Frau auf einem Festumzug in Lima (oben). Strickende Frauen in Cusco (unten). Auf dem Viehmarkt in Cajamarca (rechts).

Das Land besitzt zudem mit dem Titicacasee den höchstgelegenen schiffbaren See dieser Größe und mit dem Amazonas den größten Strom der Welt – beide Reiseziele lassen sich mit dem Boot entweder während kurzer Abstecher oder auf tagelangen Reisen erkunden. Und dann ist da der Manú-Nationalpark, der als der artenreichste Naturpark der Erde gilt.

Wer die Natur nicht nur sehen, sondern aktiv erleben, seine eigenen physischen und psychischen Grenzen messen oder gar professionell die hohen Berge erklimmen will, dem bietet die Peruanische Schweiz eine gewaltige Kette schneebedeckter Bergriesen mit bergsteigerischen Herausforderungen aller Schwierigkeitsgrade. Tatsächlich haben die geografische Lage am Äquator und die gewaltige Höhe der Berge eine Landschaft geschaffen, die in der Welt ihresgleichen sucht.

Landschaftlich unvergleichlich schöne Regionen gibt es auch in anderen Teilen des Landes zu entdecken. So besitzt Peru beispielsweise mit dem Cañón de Cotahuasi im Süden die tiefste Schlucht der Welt und mit dem Gocta im Norden den dritthöchsten Wasserfall der Erde. Neben Bergsteigern finden auch andere sportbegeisterte Reisende vielerlei Betätigungsmöglichkeiten. So hat man beim Gleitschirm- und Drachenfliegen die Möglichkeit, die alten Inkastätten im Valle Sagrado oder an den Küstenhängen der Costa Verde den brandenden Pazifik von oben zu betrachten. Oder man kann sich beim Sportfischen an der Nordküste beweisen. Für Surfer bietet sich die zentrale Küstenregion an, wo auch Wettbewerbe der World Qualifying Series abgehalten werden. Ideale Bedingungen für Kanu- und Kajakfahrer wiederum herrschen auf den Gewässern in den Anden mit ihren tief eingeschnitte-

nen Schluchten sowie auf dem Cotahuasi. Außerdem gibt es einige Biker-Routen, beispielsweise zu den »Puyas de Vinchus« in der Cordillera Negra.
Aber auch für Reisende, die fremde Völker, Sitten und Gebräuche kennenlernen möchten, bietet Peru einiges. Auf seinen bunten Märkten mit den exotischen Trachten, seinen zahlreichen Festivitäten sowie ausgelassenen Musik- und Tanzveranstaltungen warten Eindrücke und Erlebnisse – eine bunte Mischung von Tönen, Düften und Farben, – die man nicht mehr vergessen wird.
Schließlich offeriert das Land ein vielfältiges Angebot zur genussvollen Freizeit- und Feriengestaltung. Das Spektrum reicht von interessanten Folklorevorführungen über ausgedehnte Shoppingtouren auf den Märkten und in den Souvenirläden der Städte bis zur Abendunterhaltung samt kulinarischen Genüssen der einheimischen oder internationalen Küche.

Der Preis der Schönheit

Für die landschaftlichen Schönheiten hat das Land allerdings einen hohen Preis zu zahlen – Peru liegt am Reibungsrand zweier Erdplatten. Diese gewaltigen Platten, in welche die Gesteinshülle der Erde zerbrochen ist, werden auf einer zähflüssigen Schicht des oberen Erdmantels in unterschiedlicher Geschwindigkeit und in verschiedene Richtungen bewegt. Hohe Temperaturen und gewaltiger Druck bringen sie in Bewegung. Am Peru-Graben stößt die sich auf die Westseite Südamerikas zubewegende Nazca-Platte auf den Kontinentalsockel und muss, um den Aufprall zu vermeiden, steil abtauchen. Dabei entstehen ungeheure Reibungen und Spannungen in der Erdkruste. Die Gesteinsmassen verhaken sich und lösen sich oft ruckweise. Immer wiederkehrende Erdbeben – wie im Jahre 2007 – sind die Folge. Als Reisender sieht man bei seinen Erkundungen die fatalen Ergebnisse von

Frau in Sibayo bei Arequipa (oben). Peruanische Goldmaske (Mitte). Obststand in Pisac (unten). Auf dem Viehmarkt in Cajamarca (links). Blick auf Felder und Wüste bei Nazca (links).

Die »Peruanische Schweiz« bietet bis zu 6000 Meter hohe Eisberge (oben). Auf dem Markt in Chinchero (Mitte). Boote am Titicacasee (unten). Papageienkolonie im Amazonas-Gebiet (rechts). In Puca Pucará bei Cusco (rechte Seite).

Erdrutschen, Überschwemmungen und Erdbeben – und zwar sowohl an der Küste wie auch im Bergland. Sie mögen eine Ahnung vermitteln von der Macht der Natur, wie sie in Mitteleuropa (noch?) nahezu undenkbar erscheint.

Reise in die eigene Gefühlswelt

Es ist der historischen Wahrheit geschuldet, sich während der Reisen im Lande immer wieder zu vergegenwärtigen, dass von den etlichen Millionen Menschen, über die der Inka Huayna Cápac geherrscht hatte, im Jahr 1792 gerade noch 600 000 Indígenas lebten. Und so ist es schon eine recht fragliche Sicht der Dinge, wenn unterstellt wird, die »armen Wilden Amerikas« hätten nur darauf gewartet, endlich durch die Christen des Abendlandes von ihrer Geschichtslosigkeit erlöst zu werden. Dies muss manchem Leser zynisch, überheblich oder einfach fatal erscheinen angesichts der Tatsache, dass viele Tausende den eingeschleppten Seuchen erlagen und dass die meisten Ureinwohner der Grausamkeit der spanischen Kolonialherren zum Opfer fielen – ein Völkermord im Namen der spanischen Krone und mit dem Segen der katholischen Kirche.

Eine Reise nach Peru kann also auch eine Reise in die eigene Gefühlswelt werden. Wer in die Stille, Weite und Einsamkeit der Andenwelt eintaucht, wird etwas spüren von der Größe und Schönheit der Naturgewalten, dürfte eine Ahnung vermittelt bekommen von den wesentlichen Dingen der Welt. Denn die Wahrnehmungsfähigkeit erhöht sich enorm: Man meint, besser hören, schärfer sehen, tiefer empfinden zu können. Die Schwermut im ehemaligen Reich der Inka offenbart sich dem Besucher in unvergleichlicher Weise, so auch das Gefühl der Verlorenheit in den endlosen Weiten der Hochebenen, der trostlosen Küstenwüste und dem nahezu undurchdringlichen Regenwald am Amazonas. Und man wird sich nach einer Peru-Reise als Weißer und Europäer die Kulturleistungen anderer Völker in Erinnerung rufen, die bereits gewaltige Städte schufen, als unsere unzivilisierten Vorfahren noch durch die Wälder Germaniens streiften. Noch ehe der donnernde Straßenlärm der europäischen Großstadt mit all ihrer Hektik den heimkehrenden Reisenden wieder einfängt, wird er ein grenzenloses Fernweh verspüren, das er schon immer als Sehnsucht in sich getragen hat.

Der moderne Stadtteil Miraflores in Lima bietet gute Einkaufsmöglichkeiten (oben). Überaus beeindruckend, nicht nur bei Nacht, wirken der Erzbischöfliche Palast und die Kathedrale an der Plaza Mayor in Lima. Die Nordküste besitzt großartige Kulturstätten (Mitte). Eine Frau aus Cajamarca mit typischer Kopfbedeckung (unten).

Lima und die Nordküste

Larcomar, das Banken- und Geschäftsviertel von Miraflores, liegt direkt an der Steilküste des Pazifik (oben). Barrancó ist das Künstler- und Kneipenviertel von LIma (unten). Abends präsentieren sich Gebäude und Brunnen besonders eindrucksvoll (rechts).

1 Lima – die Stadt der Könige

Eine Stadt im Nebel

Der Flughafen von Lima ist das Erste, was viele Touristen von Peru sehen. Und so ist der erste Eindruck während der Fahrt in die Stadt, den der Besucher gewinnt, alles andere als erhebend: Weithin erstrecken sich die Elendsviertel der Metropole, verharmlosend *pueblos jóvenes* (junge Dörfer) genannt. Und doch wartet die Hauptstadt Perus mit vielen Attraktionen auf.

Dort, wo an der Pazifikküste der Nebel zuerst hinzieht und sich zuletzt auflöst, liegt sie: »La Ciudad de los Reyes« (»Die Stadt der Könige«). Sie wurde von den spanischen Konquistadoren am 18. Januar 1535 gegründet, zeitlich nahe dem Dreikönigstag, wovon sich der ursprüngliche Name ableitet. Einst galt die Metropole als kultivierteste Stadt des Subkontinents – von hier aus regierte der spanische Vizekönig, hier entstanden das erste Theater und die erste Universität Südamerikas.
Mit einem Stock in den Sand, so will es die Überlieferung, skizzierte an einem sonnigen Tag der spanische Eroberer Francisco Pizarro (1478–1541) den Grundplan der Stadt. Damit begann nach Mario Vargas Llosa »für alle Städte, Völker und Kulturen der Anden ein irreversibler Prozess des Verfalls und der Unterjochung durch dieses neue Zentrum des nationalen Lebens, das man an der ungesündesten Stelle der Küste errichtet hatte, von wo aus es in ungebrochener Kontinuität sämtliche Energien des Landes an sich ziehen und für sich nutzbar machen sollte«. Als Pizarro auf diese Weise das heutige Lima gründete, behielt er sich und seinen 13 Kommandeuren das Recht vor, rund um den zentralen Platz die Wohnhäuser zu bauen. So entstand an der Plaza Mayor in der Altstadt ein ganzes Ensemble kolonialer Sehenswürdigkeiten. Auf diesem Platz, an dessen neu angelegte Grünflächen Familien entlangspazieren und auf dessen Parkbänken Liebespärchen turteln, loderte einst der Scheiterhaufen der Inquisition, hier wurden die Köpfe hingerichteter Aufrührer ausgestellt, hier fanden Feste, Prozessionen und Stierkämpfe statt.

»Lima, die Schreckliche«

Man ist also zunächst versucht, die Einschätzung des peruanischen Schriftstellers Sebastián Salazar Bondy (1924 bis 1965) zu teilen, der seine Heimatstadt als »Lima, die Schreckliche, die ich liebe« bezeichnet hat. Auch Alexander von Humboldt meinte ernüchtert nach

Auf der Plaza San Martin steht auch eine Statue des Befreiers (oben). Die malerische Fassade des Riva Aguero Museums (Mitte). Im Kloster von San Francisco sieht man an der Galeriendecke schöne Holztäfelungen (unten).

seiner Südamerikareise im Jahre 1801, Lima sei ganz auf sich fixiert und ignoriere den Rest des Landes. »In Lima selbst«, schreibt er, »konnte ich nichts über Peru lernen. Dort beschäftigt man sich niemals mit Dingen, welche die allgemeine Glückseligkeit im Königreich betreffen. Lima ist mehr von Peru entfernt als London«. Ob der 1963 geborene, im Juni 2011 gewählte Präsident Ollanta Humala wirklich – wie versprochen – eine bessere Verteilung der Einkommen und eine Stärkung der Rechte sozial benachteiligter Bevölkerungsgruppen durchsetzen kann, bleibt abzuwarten.

Wie auch immer – die Spuren der kolonialen Vergangenheit sind zwar noch nicht verwischt, doch überall haben Wind, Regen und die Sonne unübersehbar ihre Spuren hinterlassen. Allenthalben sieht man windschiefe Gebäude, die zwar in der Vergangenheit viele Erdbeben überstanden haben, die nun jedoch langsam, aber sicher verfallen. Während in Cusco die Inkakultur mit der spanischen Kolonialarchitektur wetteifert, wird in Lima der Kolonialstil immer mehr von Wolkenkratzern und Betonblöcken überlagert.

Besonders in den Außenvierteln von Lima pulsiert das Leben. Die Straßencafés sind stets gut besucht. Eilig hasten korrekt gekleidete Geschäftsleute und Bankangestellte an glänzenden Bankfassaden und Geschäftshochhäusern vorbei. Allerdings bleibt der Charakter dieser im Schachbrettmuster angeordneten Stadt »südländisch«. So scheinen sich die Damen der weißen Oberschicht ständig mit einem Seitenblick vergewissern zu wollen, dass ihre biegsamen Gestalten, ihr glitzernder Schmuck und ihre farbenfrohe Kleidung auch wirklich die gebührende Beachtung bei der Männerwelt finden.

Die Plaza Mayor – ehemals Plaza de Armas

In der Altstadt ist Pizarros Palast nicht mehr erhalten, an seiner Stelle erhebt sich seit 1938 in schwerer Neoklassik der Palacio de Gobierno, der als offizielle Residenz des Präsidenten der Republik dient. Vor dem Palast patrouilliert eine Ehrengarde in historischen Uniformen, früher glänzten sogar vergoldete Helme im Sonnenlicht während der täglich mittags stattfindenden Zeremonie der Wachablösung – ein beliebtes Fotomotiv unter Touristen.

Die alten Gebäude aus der Kolonialzeit mit ihren typischen Holzbalkonen sind 1991 von der UNESCO zum historischen »Weltkulturerbe der Menschheit« erklärt worden. Und in der Tat: Wer genauer hinschaut, entdeckt den Charme der einstigen Hauptstadt des spanischen Kolonialreiches in Südamerika mit seinen barocken Kirchen und Klöstern. Es lohnt sich also hineinzuschauen, beispielsweise in die links vom Palast gegenüber an der Plaza Mayor sich erhebende mächtige Catedral (Kathedrale). Ihr Grundstein wurde bereits 1555 gelegt, doch mehrere verheerende Erdbeben zogen sie erheblich in Mitleidenschaft. Anlässlich des Papstbesuchs im Jahr 1985 erhielt das Gebäude einen grell gelbfarbenen Anstrich. Der Mittelteil mit seinen Nischen und Statuen zeigt barocke Züge, sehenswert ist auch das prachtvolle Chorgestühl, das um das Jahr 1623 geschaffen wurde. Von höchster Qualität sind verschiedene Relieffiguren, einige mit manieristischem Einschlag, andere voller Leben und mit den typischen Helldunkel-Effekten der Escuela Cusqueña versehen. Die erste Seitenkapelle rechts soll die sterblichen Überreste von Francisco Pizarro enthalten. Links vom Hauptaltar befindet sich der Eingang zum beachtenswerten Museo de Arte Religioso de la Catedral mit der Gemäldegalerie zum letzten Gericht (circa 1625–30). Daneben sind ein Werk von Francisco de Zurbarán (1598–1664) und ein Bild der Escuela Cusqueña mit dem Stammbaum der Inka und der spanischen Könige sehenswert. Der liturgische Schmuck umfasst eine Fülle von Messgewändern, Pluvialen (das sind ärmellose Umhänge katholischer Geistlicher) und sonstiger Textilien mit reichhaltigen Stickereien aus dem 16. bis 19. Jahrhundert.

Links neben der Kathedrale erhebt sich der im gleichen Stil errichtete Palacio de Arzobispo (Erzbischöfliche Palast) mit besonders schön geschnitzten Balkonen. Gegenüber, an der Nordwestseite, steht das Municipalidad (Rathaus), 1945 erbaut, ebenfalls mit schönen Holzbalkonen und einer kleinen Gemäldegalerie. Daneben und an der Westseite erstrecken sich harmonisch eingefügte Gebäude mit eleganten Geschäften unter Arkaden.
Kaum ein Reisender lässt sich die Besichtigung des Palacio Torre Tagle entgehen. Dieser Palast wurde 1735 für den Marquis José Bernardo de Torre Tagle, Schatzmeister der spanischen Pazifikflotte, erbaut. Heute sind in dem einst wohl schönsten zivilen kolonialen Bauwerk der Stadt die Büros des peruanischen Außenministeriums untergebracht. Die meisterhaft geschnitzten

Holzbalkone am Stadtpalast an der Plaza Mayor (links). Kreuzgang und Klosterinnenhof der Iglesia Santo Domingo (oben), Frauen in einer der vielen traditionellen Trachten des Landes (unten).

Im Stadtteil von Miraflores befindet sich sowohl die Statue der beiden Liebenden (oben) als auch das kleine El Patio Hostal (Mitte). Mann mit Maske während des »Mega Carnaval« (unten). An der Costa Verde locken legendäre Restaurants wie das auf einer Pier erbaute »La Rosa Náutica« (rechts). Frau in spanischem Kostüm (rechts oben).

Balkone aus dunklem Holz drücken den Mudéjar-Stil und dessen Anpassung an die lokalen Bautraditionen aus. Der Palast kann besucht werden, allerdings nur nach Vereinbarung.

Tausende Tote durch die Inquisition

Einen Eindruck von den grausamen Methoden der Inquisition gewinnt man im Museo del Tribunal de la Inquisición (Inquisitionsmuseum) an der Plaza Bolívar, nicht weit entfernt vom Kongresspalast. Man besichtigt den Saal aus dem Jahr 1569, in dem 250 000 Menschen verurteilt und viele in den Tod geschickt wurden. Dominikanermönche sorgten auf grausigste Weise für die »Reinhaltung des Glaubens«, bis 1813 das empörte Volk das Gebäude stürmte.
Drei Stufen über der Bank des Delinquenten steht ein mächtiger Tisch mit einer zwei mal fünf Meter großen Platte. Der Beschuldigte musste hinter einem groben Holzkreuz Platz nehmen. Unruhiges Kerzenlicht flackerte von zwei Kandelabern gespenstisch über drei roten Bibeln und einem Totenschädel, die vor dem Inquisitor lagen.
Durch eine reich geschmückte Tür (»Tor des Geheimnisses«) gelangt man in einen Nebenraum, in dem sich der Ankläger mit seinen Ratgebern beriet. Hier kann man zahlreiche Dokumente lesen, die über die Verurteilungen berichten. In grauenerregenden Räumen wurde gefoltert, in den Löchern des Karzers siechten die Menschen buchstäblich dahin.

Museen in Lima

Was in den zahlreichen Kunstsammlungen der Stadt an Schätzen schlummert, braucht den Vergleich mit anderen Museen in der Welt nicht zu scheuen. Mindestens ein oder zwei der Museen in Lima sollte jeder Besucher Perus aufsuchen. Das Museo Nacional de Antropología y Arquelogica e Nacional de Historia beispielsweise bietet einen hervorragenden Überblick über die Kulturen der Vorinkazeit. Es besitzt die Raimondi-Stele und den Originalobelisken Tello aus Chavín de Huántar sowie im angeschlossenen Nationalmuseum kostbare Möbel der Kolonialzeit, Gemälde und Uniformen.
Das private Museo de Oro del Peru enthält nahezu unvorstellbare Goldschätze der Chimú- und Inkakultur, darunter das berühmte Zeremonienmesser (Tumi) aus Lambayeque. Im Erdgeschoss ist das Museo de Armas del Mundo mit einer Sammlung von Waffen und Rüstungen untergebracht.
Im ebenfalls privaten Museo Rafael Larco Herrera gibt es vornehmlich Keramiken, aber auch Textilien und Stein-Artefakte zu sehen, in der »Sala de Tesoro« (Schatzkammer) aber auch Goldgegenstände, wie etwa eine goldene Brustplatte eines Chimú-Fürsten sowie wertvolle Paracas-Gewebe. Einen ganzen Saal füllen Kultgefäße mit erotischen Dar-

stellungen, die gezeigt werden, wenn man speziell danach fragt.
Im Stadtteil San Borja schließlich befindet sich das Museo de la Nación, das auf drei Stockwerken Keramiken und Textilien verschiedener altindianischer Kulturen mit dem Nachbau der Gräber von Sipán und eine Gemäldesammlung präsentiert.

Limas moderne Zentren: San Isidro und Miraflores

Lima ist eine Stadt voller Kontraste. Während ihr Herz im Zentrum schlägt und Barranco das Künstlerviertel ist, erheben sich in San Isidro die Glaspaläste des Geschäftsviertels, das nicht nur politisches, sondern auch wirtschaftliches Zentrum des Landes ist. Das Gartenviertel war monatelang in den Schlagzeilen der Weltpresse, als zum Jahreswechsel 1996/97 eine Gruppe von Terroristen die japanische Botschaft mit mehr als hundert, zum Teil prominenten Geiseln besetzt hielt. Neben modernen Apartmentsiedlungen stehen inmitten von großen Grundstücken die Luxusvillen von Diplomaten, Geschäftsleuten und Regierungsangestellten. Hier wohnt die »Upper Class« Limas. Zwischen dem Beton finden sich aber überall auch Farbtupfer: Grünanlagen, Springbrunnen und Palmen.
Gleich daneben liegt Miraflores, das neue Zentrum von Lima, das mit seinen breiten Straßen, hohen Glas- und Betonpalästen sowie Geschäften und Shopping-Meilen eine moderne Urbanität ausstrahlt. Hier gibt es zahlreiche Hotels, Restaurants, Cafés und Klubs. Die Avenida Larco ist die Pracht- und Hauptgeschäftsstraße – das kommerzielle Zentrum der Gegend mit Boutiquen, Galerien und Kasinos. Hier flaniert die High Society, junge Männer rufen den hübschen »Grinquitas« Komplimente zu, modern gestylte Peruanerinnen präsentieren sich in hautengen Kleidern – eine Welt, die nicht nur meilenweit, sondern ganze Epochen entfernt ist von der, die in den Andendörfern existiert.
Am oberen Ende der Avenida Larco befindet sich der Parque Kennedy, wo Künstler am Wochenende unter schattigen Bäumen ihre Bilder den Passanten anbieten. Der Park mit seinen Handwerksmärkten, Schuhputzer- und Imbissständen wird am Wochenende zur Tanzarena, wenn Paare bei Salsaklängen ihr Temperament zeigen. Hier kann man sie beobachten, die Nachkommen der spanischen Herrschaftsschicht, die sich nicht selten mit indianischen Inkaprinzen und -prinzessinnen verbanden. Bei ihnen verschmolzen südländisches Temperament, indianische Gelassenheit und spanische, oftmals französisch beeinflusste Eleganz zu einer aufregenden Mischung.
In den nahen Calle de las Pizzas und San Ramón gibt es unzählige Bars, Cafés und viele erstklassige Restaurants, die bis in die Nacht geöffnet sind und sich besonders nach Ende der Theater- und Kinonachtvorstellungen füllen. Gemütliche italienische Restaurants, mit rotweiß karierten Tischdecken und Tropfkerzen in leeren Chiantiflaschen bieten Cappuccino und Espresso inklusive. Und auch an der von Wellenreitern bevorzugten Costa Verde mit dem lang gezogenen Strand locken legendäre Restaurants wie das auf einem Pier erbaute »La Rosa Nautica«.

PEÑAS

Barranco hat sich zum Vergnügungszentrum entwickelt. In Bars und Klubs tobt das Nachtleben. Einen Einblick in peruanische Traditionen gewinnt man in Peñas, die landestypische Musik und Folkloretänze mit kulinarischen Spezialitäten verbinden. Peñas entstanden in *callejones* (Wohnhäusern) im Zentrum, wo Immigranten und Armutsflüchtlinge vom Land lebten. Zunächst waren es kleine Klubs für Familien und Freunde, die eine bestimmte Volksmusik pflegten. Die heutigen Klubs mit ihren Tanzshows haben nur wenig mit traditionellen Peñas gemein. In Lima sind die Peñas entweder auf Volksmusik der Küste oder kreolische Musik, *música criolla*, orientiert, einer Mischung aus afrikanischen, spanischen und Andenrhythmen – afrikanische Sklaven steuerten die Schlaginstrumente bei.

WEITERE INFORMATIONEN ZU LIMA

Peñas:
El Eslabón: Av. Aviación 3390, Tel. 01-476-2419, www.jaraneros.com
Junius: Jr. Independencia 141, Hotel El Pardo, Tel. 01-617-1000, www.travelmuse.com
Las Brisas del Titicaca: Jr. Héroes de Tarapacá 168, Tel. 01-715-6960-621, www.brisasdeltiticaca.com

2 Huancayo – die unüberwindbare Stadt

Eine Inka-Straße durch den Ort der Huancas

Im Jahr 1572 fassten die Spanier sechs indianische Gemeinden (Ayllus) im Valle del Mantaro zum Dorf Huancayo zusammen. 1822 verlieh die Regierung der Stadt den Titel »Ciudad Incontrastable« (unüberwindbare Stadt) als Anerkennung für die Tapferkeit ihrer Bewohner während des Unabhängigkeitskampfes.

Der steinerne Kürbis im Park ist ein Wahrzeichen von Huancayo (oben). Die Kathedrale auf der Plaza de Constitutión in nächtlicher Beleuchtung (unten).

Ab 600 v. Chr. hatten hier die Huancas gelebt, die 1460 von den Inka unter Pachacútec Yupanqui besiegt worden waren. An der Stelle des heutigen Huancayo errichteten sie einen Tambo, einen der vielen strategischen Stützpunkte. Die durch die Stadt verlaufende Calle Real war Teil der Cápac Ñan von Cusco nach Cajamarca. Einige Kolonialbauten stehen heute noch. In der neoklassizistischen Capilla La Merced wurde 1839 die peruanische Verfassung unterzeichnet, die bis 1856 in Kraft war. Die Kirche besitzt zudem eine Sammlung religiöser Kunst der Escuela Cusqueña.
Die Stadt auf 3244 Metern Höhe besitzt zwei große Plätze. Die Plaza de Constitución ist der wichtigste Platz. Hier steht die neoklassische Kathedrale, die Bilder aus der Escuela Cusqueña aufbewahrt. Die größere Plaza Huamanmarca mit dem Rathaus ist der älteste Platz der Stadt und der Ort, an dem Huancayo gegründet wurde. Nordöstlich des Zentrums liegt im Stadtteil San Antonio der Parque de la Identidad, ein verspielt wirkender Platz mit Steinmosaiken und Kunsthandwerksständen, die sich der Kultur der Huanca widmen. Das Wahrzeichen des kleinen Parks ist die Imitation eines gravierten Kürbisses (Mate burilado).
Vom nahe gelegenen Berg Cerrito de la Libertad genießt man eine schöne Aussicht auf die Stadt. Jenseits des Bergs stehen die imposanten Sandsteintürme von Torre Torre, einer bizarren geologischen Formation, die durch Erosion geschaffen wurde.

Feste und Märkte

Berühmt ist die große Feria Dominical de Huancayo, der Sonntagsmarkt, zu dem Dorfbewohner aus der Umgebung kommen, um ihre landwirtschaftlichen Erzeugnisse zu verkaufen. Der Markt lohnt sich auch für Touristen, da neben Gütern des täglichen Bedarfs auch Kunsthandwerk zu erschwinglichen Preisen angeboten wird.

3 Cerro Sechín – Monolithe und Opferszenen

Ein Heiligtum aus Lehmziegeln

Mitten aus dem heißen Wüstensand erheben sich aus der flimmernden Hitze landeinwärts bei Casma wie eine Fata Morgana die Ruinen von Sechín. Das Kultzentrum wird dem Küsten-Chavin-Stil zugeordnet und war möglicherweise ein bedeutendes religiöses Zentrum für Opferzeremonien.

Eine gigantische U-förmige Anlage mit künstlichen Aufschüttungen, Plätzen, versenkten Schächten, Plattformen und Wegen – ein Heiligtum aus Lehmziegeln, von einer Mauer aus mächtigen Steinpfeilern umgeben: So stellt sich das Kultzentrum dem Besucher dar, das etwa 1800 bis 1300 vor unserer Zeitrechnung entstand. Die Gesamtanlage ist nach Nordwesten hin ausgerichtet. Der Tempelkomplex ist möglicherweise ein großes religiöses Zentrum für Menschenopfer gewesen. Vom peruanischen Archäologen Julio C. Tello (1880–1947) waren im Jahr 1937 über 300 Reliefplatten ausgegraben worden, manche davon über 300 Tonnen schwer. Die Flachreliefs sind Teil des Tempels, der aus zwei rechteckigen Terrassen besteht, welche durch eine flache, breite Treppe miteinander verbunden sind. Die Treppe führt durch den einzigen Eingang zu dem Gebäude aus Adobeziegeln, das offenbar früher als die Mauer erbaut wurde.

Die Reliefs auf den Platten geben den Wissenschaftlern Rätsel auf, denn sie haben einerseits Ähnlichkeit mit denen vom Monte Alban in Mexiko, erinnern aber andererseits mit ihren Abbildungen einer Raubtiergottheit an die Jaguargottheit von Chavín de Huántar. Sie zeigen Kampfszenen, Krieger oder Priester, die Waffen oder religiöse Gegenstände tragen und über Leichenteile ihrer besiegten Feinde steigen. Blutrünstig wirken die abgehackten Arme und Beine und die Köpfe mit ausgestochenen Augen. Der peruanische Kulturanthropologe Fernande Llosa Porras interpretiert das scheinbar blutrünstige Schauspiel als Metapher eines Schöpfungsrituals: Ein abgeschlagener Kopf symbolisiere das keimende Maiskorn und damit das Schöpfungsritual, wie dies auch bei allen anderen Kulturen Amerikas der Fall sei. Als sensationell gelten die auf der Rückseite der Tempelplattform freigelegten Fußabdrücke, deren Alter auf 3000 Jahre geschätzt wird.

Der Tempelkomplex von Sechín war möglicherweise ein großes Zentrum für Menschenopfer.

Über rund 2600 Kilometer erstreckt sich das graue Asphaltband der Panamericana vom Süden bis zum Norden der Republik. Die Szenerie ist überwiegend wüstenhaft, wie hier bei Chimbote (oben). Am Fischereihafen von Chimbote (unten).

4 Chimbote – größter Fischereihafen

Wüstennebel und Umweltverschmutzung

Chimbote selbst muss man nicht unbedingt gesehen haben. Doch die Stadt ist nicht nur eine Zwischenstation auf dem Weg nach Trujillo und zu den Resten der Prä-Inkakulturen, sondern auch Startpunkt bzw. Ziel der Tour durch die Schlucht entlang des Río Santa.

Die gesichtslose Küstenstadt ist ein wichtiges industrielles Zentrum des Landes und besitzt neben großen Stahlwerken auch zahlreiche Fabriken, die Fischmehl für den Export herstellen. Bereits der scheußliche Fischgeruch kündet von Perus größtem Fischereihafen. Chimbote hat einen der wenigen natürlichen Häfen Perus an einer relativ schönen Bucht, doch die Umweltverschmutzung durch die Stahlindustrieanlagen ist enorm. Das benötigte Eisenerz aus den Minen von Marcona wird vom dortigen Hafen San Juan mit Schiffen bis hierher gebracht. Strom bezieht die Industrie von einem Kraftwerk im Río-Santa-Tal. Die Stadt hatte lange wegen der hohen Kriminalitätsrate einen schlechten Ruf. Doch nachdem die Stadtverwaltung die Straßenhändler auf einen neuen Markt am Stadtrand verbannt hat, soll das Stadtzentrum sicherer geworden sein.

Eine nebelverhangene Wüste

Immerhin bekommt der Reisende während der Fahrt aus dem Süden nach Chimbote unvergessliche Eindrücke von der peruanischen Wüstenlandschaft, die einen Kontrast zum blauweiß schäumenden Meer bildet, über dem die Sonne sirupgelb glimmt. Wer in der Frühe hier ankommt, sieht im Morgenlicht die Wüste in eigenartigen tiefgelben oder rosa bis violetten Farben. Von der See weht ein kühler Wind, der jedoch vom Land schnell erwärmt wird. Da die warme Luft mehr Feuchtigkeit als kalte aufnehmen kann, saugt sie diese buchstäblich auf – es kommt zu dem Paradoxon einer nebelverhangenen Wüste.
In der Chala- oder Küstenlandschaft zeigen sich am Himmel aber dennoch keine Gewitter, es gibt keine Schneefälle, und von Dezember bis April (»Sommer«) ist es im Allgemeinen warm und sonnig. Im »Winter« jedoch (Mai bis November) ist es kühl und neblig, die Landschaft ist von einer über dem Meer gebildeten Wolkenschicht bedeckt. An einigen Stellen an der Küste in der Nähe der Hauptstadt sieht man »Lomas«, Busch- und Strauchvegetation, die durch die Nebelfeuchtigkeit von Mai bis September (»Garua«) entsteht. Auf den Lomas grasen Rinder, Pferde, Schafe und Ziegen. An der Grenze nach Ecuador wiederum sieht man auch Sacuara-Schilf und Pappeln.

5 Huanchaco – mit dem Schilfboot aufs Meer

Ein attraktives Ausflugsziel

Die Luft riecht nach Salz und Meer, getrocknetem Fisch und exotischen Gewürzen, mit denen in den vielen Restaurants für Einheimische und Touristen gekocht wird. Das einstmals ärmliche Fischerdorf Huanchaco an der Pazifikküste hat sich zu einem verlockenden Ausflugsziel für die Bewohner Trujillos entwickelt.

Bereits zu Zeiten der Chimú-Kultur zeigten sich die »Caballitos de Totora« genannten Binsenboote geeignet für den Fischfang (oben).Wie ihre Vorfahren flicken die Fischer in Huanchaco noch immer die Netze von Hand (unten).

Noch heute kann man die Fischer am frühen Morgen beobachten, wenn sie in ihren Binsenbooten, den »Caballitos de Totora« (*caballitos* = Pferdchen; *totora* = Binsenbündel), aufs Meer hinausfahren. Halb kniend, halb sitzend, eine lange Bambusstange in der Hand, »reiten« sie wie die Moche vor über 1500 Jahren auf ihren »Binsenpferdchen«. Als Ruder dient eine längs halbierte Stange aus Guayaquil-Rohr. Aus Darstellungen auf Mochica- und Chimú-Keramiken weiß man, dass schon damals diese Methode des Fischfangs angewandt wurde.

Für Touristen ist es ein Highlight, wenn die Fischer später am Tag ihren Fang ausladen, ihre Boote vertäuen und ihre Netze flicken. Die Fische werden in einer muldenförmigen Vertiefung aufbewahrt. Neben den »Caballitos de Totora«, die am Strand zum Trocknen aufgestellt sind, ist die Mole (»El Muelle«) ein viel besuchter Anziehungspunkt. Die in den 1890er-Jahren erbaute Eisenkonstruktion kaufte der Großgrundbesitzer Vietar Larco Herrera für die Verschiffung der Produkte seiner Zuckerrohrplantagen. Über die 22 Kilometer lange private Eisenbahnstrecke gelangten diese dann zur Mole.

Gotteshäuser und Peñas

Einen Besuch wert ist das Santuario de la Virgen del Socorro oberhalb des Hafens. Das 1540 über einer Huaca der Chimú erbaute Gotteshaus ist eine der ältesten Indianerkirchen des Landes. Wenn man Glück hat, spielt gerade eine Gruppe einheimischer Musikanten in dem Restaurant, in das man zum Abendessen geht. In den Peñas werden Huaynos gesungen, traurige Volkslieder voller Anmut und Poesie, dazu wird getanzt. Die Texte der Lieder sind zuweilen derb gepfeffert und mit humoristischen Wortspielen durchsetzt – ein Glück für leicht prüde Ausländer, dass sie mangels Sprachkenntnissen kaum etwas verstehen.

Auffallend schöne Kolonialhäuser mit dekorativen Fenstergittern prägen das Stadtbild von Trujillo (oben). Freundlich lächelnd grüßt diese Indígena-Frau mit Kind in Trujillo (unten). Die schmucke Iglesia El Carmen (rechts) aus dem 18. Jahrhundert ist ebenso sehenswert wie das dazugehörige Kloster.

6 Trujillo – die Stadt des ewigen Frühlings

Juwel von Nordperu

Trujillo dient vielen Reisenden als Ausgangspunkt für den Besuch der Stätten einiger bedeutender Indianerkulturen. Dabei hat die traditionsreiche Stadt etwas mehr Aufmerksamkeit verdient: In ihrem Zentrum hat sie den Stil der spanischen Kolonialzeit prachtvoll bewahrt. Darüber hinaus strahlt die Stadt, die wegen ihres angenehmen Klimas »Ciudad de la Eterna Primavera« (»Stadt des ewigen Frühlings«) genannt wird, eine entspannte Atmosphäre aus.

Die hoch im Norden an der Küste lebenden Menschen sind Mestizen und Mulatten – sie gelten als besonders fröhlich und freundlich. Musik, Marinera-Tanz und Hahnenkämpfe gehören zu den Traditionen des Nordens, vor allem in der hübschen Kolonialstadt Trujillo. Die Stadt ist auch eine Hochburg der berühmten »Caballos de Paso«. Die Pferde mit dem tänzelnden Schritt (Paso Peruano) stammen von spanischen und afrikanischen Rassen ab, die die Konquistadoren ins Land brachten.

Kronjuwelen der Kolonialzeit

Große Plätze, reich verzierte Kirchen und elegante Häuser im maurisch-spanischen Stil prägen den Charakter der Stadt. Die Plaza de Armas gehört zu den schönsten Plätzen des Landes. Auf der weitläufigen Anlage erhebt sich das mächtige Freiheitsdenkmal, das an die Unabhängigkeit Perus im Jahr 1820 erinnert. Jahrhundertelang verweigerten die Einwohner der spanischen Krone ihre Loyalität, und so war Trujillo denn auch die erste peruanische Stadt, die sich von Spanien unabhängig erklärte. Von hier aus bereitete Simón Bolívar seine Feldzüge vor, die in der Schlacht bei Ayacucho zum Ende der spanischen Herrschaft führten. Jeden Sonntag gibt es eine Parade, wobei auf der Plaza de Armas die Flagge gehisst wird.

An der Nordseite der Plaza de Armas steht die etwas unscheinbar wirkende Kathedrale aus dem 17. und 18. Jahrhundert mit einem beachtenswerten Chorgestühl. Neben dem barocken Hauptaltar fallen der Altar mit dem Gekreuzigten und der letzte Altar in der Seitenkapelle – Nuestra Señora de Fatima gewidmet – auf. Durch den Chorumgang gelangt man zum Altar

An der Plaza de Armas erhebt sich das mächtige Freiheitsdenkmal (oben). Der schöne Innenhof der Casa de Mayorazgo (Mitte). Gekacheltes Bad in der Casa Banante in Trujillo (unten). Die Herrschaftshäuser sind ein Symbol von Macht und Reichtum (rechts). Die republikanische Garde zeigt Flagge (rechts oben).

der Virgen del Perpetua Socorro. Salomonische Säulen mit Federbüschen als Abschluss bilden den Zierrat.

Unter den Bildern sind vier großformatige Leinwandgemälde in den Seitenschiffen sehenswert. Die Themen sind: »Die Kreuzigung«, »Die Ekstase der Heiligen Theresa« bzw. »El Esclavo de la Eucaristfa« (»Das Abendmahl«) und »Santo Toribio«. Um den Hauptaltar ist ein Teil des alten Chorgestühls gruppiert, wobei der dazugehörige Erzbischofsitz eine außergewöhnliche Schnitzarbeit des 18. Jahrhunderts aus Nicaragua-Zeder darstellt. Anstelle der üblichen Reliefs von Heiligen findet man hier Arabesken und Laubwerk an der Rücklehne.

Religiöse Objekte wie Mythen, Messgewänder, Gemälde, Holz- und Gipsskulpturen sowie alte Bücher sind in einem Museumsraum ausgestellt, dessen Decke aus Nicaragua-Zeder (17. Jh.) besonders sehenswert ist. Als die wichtigsten Gemälde gelten »La Virgen de la Antigua« und »La Negación de San Pedro« (»Die Verleumdung des Heiligen Petrus«). Die unterirdischen Gewölbe, die auch besucht werden können, dienten während der Zeit des Vizekönigreichs als Friedhof.

Kolonialhäuser mit Charme

In keiner anderen Stadt Perus gibt es so viele prächtige Herrenhäuser wie in Trujillo. Viele der in der Kolonialzeit oder während der Anfangsjahre der Republik errichteten Gebäude erstrahlen in leuchtenden Pastellfarben und verfügen über großartige Balkone, elegante Portale und geräumige Eingangshallen. Ein unverzichtbares Element sind immer die schmiedeeisernen Fenstergitter.

Die gelbe Casa Bracamonte (auch »Lizarzaburu«) an der Plaza de Armas hat solche fein gearbeiteten schmiedeeisernen Fenstergitter sowie ein großes Holzportal. Das Giebeldach im Mudéjar-Stil verschafft der Casa das typische Aussehen, was noch durch den geschlossenen kleinen Balkon bestärkt wird.

Gegenüber steht die blau getünchte Casa Urquiaga, heute Sitz der Banco Central de Reserva del Peru. Hier wohnte 1824 auch Simón Bolívar. Aus der Zeit der Unabhängigkeitskämpfe stammt der Schreibtisch, an dem der »Befreier« seine Dekrete verfasste. Das ursprüngliche Herrschaftshaus war eines der ältesten der Stadt, fiel aber dem verheerenden Erdbeben von 1619 zum Opfer. Mitte des 19. Jahrhunderts wurde die Casa nach neoklassischen Vorbildern umgebaut. Das herrliche Herrschaftshaus kann kostenlos besichtigt werden, wenn man beim bewachten Eingang seinen Ausweis hinterlässt. Eine kundige Führerin leitet die Besucher durch die verschiedenen Räumlichkeiten, in welchen auch eine numismatische Sammlung und eine Kollektion vorspanischer Keramiken zu sehen sind.

Zwei repräsentative Adelshäuser stehen nebeneinander in der Jirón Pizarro. Der gelbe Palacio Iturrégui im italienischen Renaissance-Stil, ebenfalls mit schmiedeeisernen Fenstergittern, gehört dem exklusiven »Club Central«. In dem Haus verkündete 1820 General José Manuel Iturrégui y Aguilarte die Unabhängigkeit der Stadt. Der erste Innenhof gibt den Blick frei auf Fenster und Türen mit abgeschrägten Glasscheiben. Die prächtige Residenz verfügt über eine Sammlung vorspanischer Keramik.

Das neoklassische Eingangsportal mit den ionischen Säulen und dem Giebeldach daneben gehört zur Casa de la Emancipación. Sie diente 1823 als Sitz des ersten Nationalkongresses, später als Regierungspalast und Bischofssitz. Ein Balkon mit Brüstungen, riesige Fenster mit Sockel und kunstvollem Gitterwerk vervollständigen die Fassade. Eine Galerie mit schmiedeeisernem Geländer und ionischen Säulen umgibt den ersten Innenhof. Neoklassische Türen und Fenster führen in die Salons. Der wichtigste Salon enthält gediegenes Mobiliar, kristallene Kronleuchter und wertvolle Gemälde. Ein zweiter Hof besteht aus einem Brunnen, kleinen Gärtchen sowie dorischen Säulen. Er führt zum Esszimmer und zu den hinteren Räumen. Neben dem Vestibül ist ein Raum eingerichtet, der die Geschichte des Hauses dokumentiert.

Eine Straße weiter präsentiert die Casa de los Condes de Aranda eines der schönsten Portale der Stadt. Die Gipsarbeiten des Eingangsportals sind Beispiele des Mestizen-Barocks, der an der Nordküste sonst eher selten ist.

Einen Häuserblock von der Plaza de Armas entfernt steht die Casa de Mayorazgo de Falcalá (1709) mit kostbarer Einrichtung und korinthischen Säulen. Ihr Portal zieren Mudéjar-Dekorationen. Im ersten Innenhof steht eine Kolumbus-Statue, im zweiten ein Brunnen, aus dem Wasser auch während der Dürrezeiten geschöpft werden konnte.

Ein sehr schönes Eingangsportal hat die Casa Ganoza Chopitea (auch Casa de los Leones) gegenüber der Iglesia de San Francisco mit vergoldeten Altären. Das Eingangstor der Casa schmücken Fresken, farbige Gipsmuster sowie ein Löwenpaar, das dem Herrenhaus den Namen gab. Im Vestibül und an den Wänden des ersten Innenhofes sind weitere Fragmente von Wandmalereien zu sehen. Der Korridor zum zweiten Innenhof zeigt sehr schön die traditionelle Konstruktionsweise der Dächer.

LAS TAPADAS

Zwischen den spanischstämmigen Einwohnern *(criollos)* und den Mischlingen aus Kreolen und Indígenas *(mestizos)* kam es im 18. Jahrhundert zu modischen Rivalitäten. Während die hellhäutigen Kreolinnen sich mit hochgeschlossener Kleidung vor der Sonne schützten, blieben bei den dunkelhäutigen Mestizinnen die Füße unter kurzen Röcken unbedeckt. Dafür verhüllten sie ihre Gesichter – bis auf ein Auge – mit einem Schleier. Man nannte sie deswegen *tapadas* (»Verhüllte«).

Der Vizekönig, Manuel de Amat y Juniet (1704–1782), verliebte sich angeblich mit über 60 Jahren in eine solche *tapada*, die Mestizin Micaela Villegas (1748–1819) und ließ ihr das schönste Haus in Lima bauen. Er zeugte mit ihr sogar ein Kind, nannte sie jedoch einmal im Streit *perra chola* (»Bastardhündin«). Dies inspirierte Jacques Offenbach 1868 zum Titel seiner Oper »La Perichote«. Die Liebesgeschichte nahm allerdings ein trauriges Ende: Als ihr Liebhaber nach Spanien zurückbeordert wurde, war »La Perrichola« so untröstlich, dass sie ins Kloster ging.

WEITERE INFORMATIONEN ZU TRUJILLO

www.munitrujillo.gob.pe

Die neoklassizistische Kathedrale von Trujillo.

Reliefs von Drachen, Regenbögen und Fischen zieren die Huanca del Dragón, die im 13. Jahrhundert von den Chimú errichtet wurde (rechts unten). In der Tempelpyramide von Huaca Cao Viejo fand man die Mumie von La Señora de Cao (unten). In der Nähe des Huaca Pucllana Museums in Lima steht eine präinkaische Lehmziegelpyramide mit Terrassen (oben).

7 Zeugnisse der Chimú-Kultur

Grabstätten, die dem Mond geweiht sind

Touristisch ist die nördliche Küste kaum erschlossen, obwohl sich hier wichtige archäologische Stätten befinden. Dazu gehören die Zeugnisse der Chimú-Kultur aus der Vor-Inkazeit – die Huacas beispielsweise sind Grabstätten oder pyramidenartige Heiligtümer, die meist dem Mond geweiht wurden. Nahezu unbekannt ist El Brujo mit der gut erhaltenen Mumie der Herrscherin »Señora de Cao«.

Ein eindrucksvolles Überbleibsel aus der Vor-Inkazeit ist hinter der Kirche von Mansiche, an der Straße, die nach Huanchaco führt, zu bestaunen: die nahezu quadratische Huaca La Esmeralda, eine der wichtigsten Huacas in der Gegend um Trujillo.
Dieser im 12. oder frühen 13. Jahrhundert, zur selben Zeit wie Chan-Chan (siehe Highlight 9), von den Chimú erbaute Smaragdtempel ist mit Tiersymbolen verziert. Die architektonische Struktur des Tempels ist ungewöhnlich, denn sie besteht aus zwei Hauptplattformen mit Umfassungsmauern und Rampen, welche die verschiedenen Sektoren miteinander verbinden. An den Aufgängen zur Pyramide sieht man besonders fein gearbeitete exotische Lehmornamente, wobei sämtliche Wandreliefs in Beziehung zum Meer stehen, wie z. B. Fische, Vögel, Rauten und Wellen, Fischernetze und Seeotter. Die Farben sind bis auf wenige Reste von den heftigen Regenfällen weggewaschen worden, die von El Niño verursacht wurden.

Der Regenbogentempel

Hinter mächtigen, zwei Meter hohen Adobemauern etwa zwei Kilometer vom Zentrum Trujillos entfernt, im Stadtteil La Esperanca, steht ein weiterer beeindruckender Tempel, der bei einem Besuch von Chan-Chan nicht ausgelassen werden sollte: die Huaca del Dragón (auch Templo del Arco Iris) oder »Regenbogentempel«. Das Heiligtum, das wohl aus dem 14. Jahrhundert stammt, wurde 1948–50 freigelegt und in der Folge komplett restauriert.
Der inzwischen durch ein Erdbeben beschädigte und erneut restaurierte Tempel wurde wahrscheinlich in der Mochica-Epoche errichtet und danach von den Chimú übernommen. Die nähere Bedeutung des Sakralbaus ist nach wie vor unbekannt. Die gut erhaltenen Reliefs zeigen symbolische Regenbogen, Drachen und Tausendfüßler, worauf auch der dritte Name, Huaca del Ciempiés, hinweist. Über Rampen gelangt man auf den pyramidenartigen Tempel hinauf.

Die Huaca besteht aus einer zentralen, terrassierten hohen Plattform, die an drei Seiten 14 tiefe Kammern besitzt. Wahrscheinlich bewahrten die Priester hier Korn und Edelmetalle für rituelle Zwecke auf. Eine Rampe führt in den oberen Bereich, wo die Priester religiöse Zeremonien abhielten. In den Gängen lagen zahlreiche geopferte Lamas und acht- bis zehnjährige Kinder begraben. Das Heiligtum ist von einer Mauer umschlossen, die wahrscheinlich nur einen einzigen Eingang besaß. Ihre mit Lehm verputzten Flächen sind durch dünne Bänder in abwechselnd breite und schmale Wandfelder gegliedert. Diese beiden Feldertypen zeigen Motive, die sich am gesamten Bauwerk wiederholen und mythologische Bedeutung haben. So stellt das doppelköpfige schlangenförmige Wesen der breiten Felder wahrscheinlich die in der Ikonografie der Nordküste traditionelle Himmelsschlange dar. Die zwei Rachen drohen je einen Mann zu verschlingen. Der regenbogenförmig gewölbte Leib, von dem die Bezeichnung »Regenbogentempel« abgeleitet ist, schließt zwei raubkatzenartige Wesen ein. Darum herum gruppiert sich eine Gruppe männlicher Figuren, die Stäbe oder axtähnliche Instrumente in den Händen halten.

Huaca el Brujo

Rund 60 Kilometer nördlich von Trujillo liegt direkt an der Küste ein weiterer kaum bekannter Kultplatz der Moche. Die Anlage besteht aus drei Tempelpyramiden, die sich auf einer künstlich errichteten Plattform befinden. Es sind die 5000 Jahre alte Huaca Prieta und die Huaca Cao Viejo mit farbigen Opfer- und Kampfszenen auf verschiedenen Ebenen sowie die El Brujo (Schamane oder Hexer) mit Reliefs an der Mauer. In dem archäologischen Komplex El Brujo isst auch die gut erhaltene Mumie der Herrscherin »Señora de Cao« mit stilisierten Spinnen- und Schlangentätowierungen auf den Armen zu sehen.

DAS WETTERPHÄNOMEN EL NIÑO

Einer der wichtigsten Klimafaktoren ist der kalte Andenstrom, der vor Südamerikas Westküste in Richtung Äquator fließt. Wenn die ihn antreibenden Winde im Dezember nachlassen, wird der kalte Humboldtstrom von einem warmen Strom vom Äquator her überlagert – El Niño (»Kind«) genannt, weil er um die Zeit der Geburt des Jesuskindes an der Küste spürbar wird. Etwa alle sieben Jahre drängen diese warmen Wassermassen in einem solchen Ausmaß nach Süden, dass das ökologische Gleichgewicht aus dem Lot gerät. Die Passatwinde setzen aus, das Warmwasser schwappt zurück nach Amerika, verteilt sich über den Pazifik und verdrängt das Kaltwasser. Mit ihm ziehen die Wolken, die sonst Indonesien und Australien den Herbstregen bringen. Durch die entstehende Trockenheit kommt es hier dann zu gewaltigen Waldbränden. Die letzten Niños 1983 und 1987 suchten die Pazifikküste mit sintflutartigen Regenfällen heim. Oft kommt es anschließend zum anderen Wetterextrem: La Niña bringt Dürre und harte Wintermonate.

INFORMATIONEN ÜBER DAS WETTER UND REGENFÄLLE

www.senamhi.gob.pe, www.peru.info

8 Pyramiden – die Giganten von Moche

Nahe Trujillo liegen die Reste der Mondpyramide Huaca de la Luna (rechte Seite). Von den einstigen Wandreliefs sind nur noch wenige erhalten. Zentrum der früheren Hauptstadt der mächtigen Mochica-Kultur (oben), Relief einer Gottheit an der Huaca de la Luna (unten).

Kulturerbe an der Nordküste

Schon vor 2000 Jahren gab es hoch entwickelte Kulturen wie die Moche und Chimú, die Paracas und Nazca, die sich allesamt in Küstennähe niederließen. Vom Moche-Tal bis zum Túcume-Tal erheben sich dort, wo sich einst eine planmäßig angelegte Stadt befand, noch teilweise erhaltene monumentale Lehmziegelpyramiden. Sie gehören heute zum Weltkulturerbe.

Allerdings verknüpfen viele Besucher mit der Region, die auch als »südamerikanisches Ägypten« bezeichnet wird, zu hohe Erwartungen. Denn von der ehemaligen Hauptstadt der Moche (auch Mochica genannt) sind heute nur noch die Reste der Tempelanlagen zu sehen. Der Name des gewaltigen Moche-Reiches leitet sich übrigens vom Río Moche ab, wo sich das Kernland dieser Kultur befand.
Die Moche schufen die höchsten Lehmziegelpyramiden Südamerikas. Die beiden erhaltenen monumentalen Bauwerke am Fuß des Cerro Blanco erheben sich über eine versandete Ebene in der Pampa de los Mochíca. Die Wohnviertel mit Innenräumen, Höfen, Straßen, Korridoren, Lagerräumen und Werkstätten waren von Mauern geschützt, die über Rampen bestiegen werden konnten. Für den Bau dieser mächtigen Anlagen waren Tausende von Arbeitern erforderlich, die nur in einer straff organisierten Gesellschaft rekrutiert werden können. Und so bestand die Mochica-Gesellschaft denn auch aus einer politisch-religiösen Führungsschicht – gottähnlichen Priesterfürsten und einer Kriegeraristokratie – und der Masse der Bauern, die mit hoch entwickelten Anbautechniken erst die Grundlage für derart große Gemeinschaftsarbeiten schufen. Nicht vergessen darf man die zahlreichen Sklaven und Kriegsgefangenen, die zur Fronarbeit herangezogen wurden.

Huaca del Sol

Das wichtigste Heiligtum der Mochica war wahrscheinlich die siebenstufige Huaca del Sol, »Sonnenpyramide«. Doch leider ist davon nicht einmal die Hälfte erhalten. Deutlich erkennbar sind die Schäden, welche die Spanier 1602 – immer auf der Suche nach Schätzen – verursachten, als sie den Río Moche umleiteten und dabei einen beachtlichen Teil der Huaca unterspülten.

Die Tempelanlage der Huaca de la Luna wurde um 500 n. Chr. von den Moche am Fuß des Cerro Blanco erbaut (rechte Seite unten). Ai Apaec, eine Gottheit der Mochica (rechte Seite oben). Details der Anlage mit Malereien (Mitte) und Moche-Keramiken (oben und unten).

Die Huaca del Sol besteht aus einer Plattform, auf der sich das siebenstufige lange Bauwerk mit seinen steilen Wänden erhebt. Der Grundriss zeigt ein gigantisches Kreuz mit der Front gegen Norden, das sich in Nord-Süd-Richtung über etwa 340 Metern erstreckt. Man schätzt, dass für das mächtige Bauwerk insgesamt 100 Millionen Adobe-Ziegel verwendet wurden. Die Pyramide soll der imperiale Palast und das Mausoleum für die Staatsoberhäupter gewesen sein. Man vermutet aber auch, dass die Pyramide dem Regenbogen geweiht war, denn die religiösen Vorstellungen der Mochica waren von der Verehrung der Gestirne, des Jaguars oder Pumas und des Kondors geprägt.
Erste wissenschaftliche Ausgrabungen hat zu Beginn des letzten Jahrhunderts der deutsche Archäologe Max Uhle (1856–1944) vorgenommen. Auf einer Terrasse im Süden stieß er auf ein ausgedehntes Gräberfeld, in dem er 3400 Objekte und Keramiken fand. Die meisten Fundgegenstände brachte er nach Kalifornien ins Berkeley Museum.
Die Anfänge des massiven Plattformbaus gehen wahrscheinlich in eine Zeit zurück, als die Hegemonie im Moche-Tal noch die Gallinazo ausübten. Die Huaca del Sol entstand im 5. Jahrhundert und gilt als größtes präkolumbisches Bauwerk Südamerikas.

Huaca de la Luna

Die 500 Meter entfernt von der Huaca del Sol liegende ältere Huaca de la Luna ist etwas kleiner. Sie ist sechsstufig, etwa 20 Meter hoch und 80 Meter lang und wurde zum Teil auf Naturfelsen erbaut. In den Plattformen der Mondpyramide entdeckte 1899 Max Uhle verschiedenfarbene Malereien bzw. Reliefs, die inzwischen durch die Universität Trujillo wieder restauriert wurden.
Mit ihren zahlreichen Räumen, Korridoren, Höfen und Mauergemälden ist die älteste Plattform mit Abstand die größte und komplexeste Ebene. Sie wurde über fast sechs Jahrhunderte hinweg benutzt, unterhalten und umgebaut. Nach Perioden mit intensiven Regenfällen in den El Niño-Jahren oder im Zuge von Renovierungen schüttete man die Raumkomplexe immer wieder zu. Mindestens sechs Mal entstanden so neue Gebäude über den alten Bauwerken. Dadurch, dass die Moche die alten Komplexe sorgfältig versiegelten, um darüber neue zu errichten, blieben nicht nur die Gräber, sondern auch die vielfarbigen Mauergemälde und Lehmreliefs erhalten.
Wahrscheinlich zwischen dem 6. und 7. Jahrhundert entstand der zweite Plattformkomplex. Er besitzt einen Platz unter einem Felsvorsprung. Die eine Hälfte des Felsens ragt über der Plaza auf, die andere befindet sich unterhalb der Plattform. Am Fuß des Felsens stieß man auf Dutzende von Männerskeletten, die deutliche Spuren ritueller Opferung aufwiesen. Außerdem fand man große nackte Lehmfiguren, die vielleicht geopferte Gefangene darstellten.
Mehrere zugeschüttete Räume dienten als Grabkammern, in denen die Elite die letzte Ruhe fand. Das älteste bisher entdeckte Lehmrelief zeigt eine Figur, die Schlangen in den Händen hält. Ein heute zerstörtes Relief stellte einen Kampf zwischen Moche-Kriegern und anthropomorphen Objekten dar – ein Thema, das auch von Gefäßmalereien

bekannt ist. Solche Kämpfe mit »Gegenstandsdämonen« (also »lebendigen« Waffen, Werkzeugen, Kleidungsstücken) gehören zu den eigenartigsten mythologischen Darstellungen der Moche.
Immer wieder taucht als Motiv eine mit Hauerzähnen bewehrte Figur auf, »El Degollador« (»Der Enthaupter«) oder »Divinidad de la Montaña« (»Gottheit des Berges«) genannt. Auf einem Mauergemälde ist es als Wesen mit menschlichem Körper abgebildet, das in der einen Hand ein Messer, in der anderen einen abgeschnittenen Kopf hält.
Die bedeutendsten Bildwerke sieht man an der Nordfassade. Einst schritten die Moche von der Plaza über die Rampe an den treppenartig übereinandergesetzten Reliefs und Mauergemälden vorbei ins Innere der Huaca. Die großformatigen Bildwerke stellen Gottheiten, Krieger, Gefangene, Tiere und geometrischen Zeichen dar.
An der dritten Plattformstufe befinden sich Spinnen- und Raubkatzengottheiten. Darunter sieht man eine Reihe von frontal abgebildeten Männern (»Tänzer« genannt), die sich an den Händen halten. Forscher nehmen an, dass die unterste, noch verdeckte Stufe der Huaca de la Luna ebenfalls einen Zug nackter Krieger vor ihrer Opferung zeigen könnte.
Aufgrund der Bildwerke und der Menschenopfer vermuten Archäologen, dass in der Huaca de la Luna Zeremonien und Opferrituale abgehalten wurden.

Moche-Keramiken

Die den Toten beigelegten Keramiken geben ein aufschlussreiches Bild von der Lebensweise der kriegerischen Mochica. Berühmt sind die Porträtvasen, auf denen einzelne Personen dargestellt sind. Die Moche-Keramik fällt durch ihren plastischen Formenreichtum auf. Besonders schön sind die erotischen Tonfiguren, die heute im Museo Arqueológico Rafael Larco Herrera in Lima ausgestellt sind.

DIE VICÚS-KULTUR

Die Region Piura war bereits zwischen 500 v. Chr. bis etwa 500 n. Chr. Heimat der Vicús-Kultur, eine der ältesten Küstenhochkulturen Perus, die sich bis zum südlichen Ecuador und dem Lambayeque-Tal erstreckte. Sie wurde benannt nach einer kleinen Ortschaft westlich von Piura. Berühmt sind die Goldschmiede- und Keramikarbeiten der Vicús. Ihre handwerklichen Fähigkeiten waren technisch und künstlerisch ausgereifter als die der Trujillo-Region. Vicús-Gefäße haben dünnere Wände und weisen eine größere Farbskala auf. Besonderheiten, die in der Moche-Keramik um Trujillo fehlen, sind z. B. plastisch aufgesetzte Gesichter mit Hakennasen und geschlitzten Augen bei Mensch und Tier. Häufig sind Pfeifgefäße, die einen Pfeifmechanismus besitzen, der sich beim Ein- und Ausgießen betätigt. Die Vicús-Kultur erreichte in der Bearbeitung von Kupfer und der Verwendung von Gold-Kupfer-Verbindungen sowie von Bronze ein hohes Niveau.

WEITERE INFORMATIONEN

Museo de Arqueología Municipal:
Piura, Avenida Sullana con Huánuco
Tel. (+51) 073-302803,
http://museovicus.blogspot.com/

Von der ehemaligen Hauptstadt des Chimú-Reiches Chan-Chan (rechts unten) sind noch zahlreiche Wände mit kunstvoll gestalteten Reliefs erhalten (oben). Eine Skulptur von Chan-Chan (unten). Touristen in Caral, dessen Gründung von den Forschern auf das Jahr 2627 vor der Zeitrechnung datiert wird (rechts oben).

9 Chan-Chan – gewaltige Zitadelle der Chimú

Weltkulturerbe aus Lehm

Geschichte ereignet sich selten logisch, dennoch sind die Abläufe historischer Ereignisse folgerichtig. So ist vom einstigen Machtzentrum der Chimú nur wenig geblieben, weil die Inka in den Bergen die lebenswichtigen Anlagen für das raffinierte Bewässerungssystem im Tal einfach absperrten. Aus den Trümmern rekonstruierten Wissenschaftler das Leben eines Volkes, dem eine ähnlich große Bedeutung zukommt wie den Azteken in Mexiko oder den Maya in Guatemala.

Die Wirtschaft der Chimú, die zwischen Tumbes und Lima lebten, basierte auf einer hervorragend organisierten Bodennutzung. Die Chimú, deren Reich um 1000 n. Chr. entstand, sahen sich als Nachfahren der Götter. Ihr erster Herrscher, Naymlap, soll über das Meer hierhergekommen sein.
Das Ende von Chan-Chan kam, als 1460 die Inka den letzten Chimú-König Minchancaman (1440–1470) gefangennahmen. Er wurde nach Cusco verschleppt, wo er eine Inka-Prinzessin heiraten musste – eigentlich kein schlechtes Los. Die Spanier fanden 1533 die Stadt nahezu verlassen vor, denn die besten Handwerker und Lehrmeister waren nach Cusco zwangsverpflichtet worden.

Mosaik aus Fels und Feldern

Mit dem Bau von Chan-Chan wurde bereits ab 850 unter den Mochica begonnen. Der ausschließlich aus Lehmziegeln erbaute Ort diente danach als Hauptstadt des Chimú-Reiches und war die größte Stadt Südamerikas.
Der zentrale Kern von Chan-Chan, das 1986 zum Weltkulturerbe der UNESCO erklärt wurde, besteht aus neun, einst autonomen Vierteln, die von bis zu zwölf Meter hohen Mauern umgeben sind. Sie waren jeweils einer bestimmten Berufsgruppe vorbehalten. Es gab beispielsweise den Bezirk der Handwerker (Schmiede, Töpfer) mit Werkstätten und Wohnhäusern. Die Dachkonstruktionen bestanden aus Holzbalken, über die man wahrscheinlich Flechtmatten legte. Holz verwendeten die Chimú auch für Verstrebungen und für Säulen. Und es existierten kleine Gärten mit Wasserleitungen, die an ein großes Bewässerungssystem außerhalb der Stadt angeschlossen waren.

Innerhalb der Mauern der Zitadelle (Ciudadela) lebte der Herrscher mit seiner Familie und dem administrativen Stab. Insgesamt waren es nur wenige Leute, obwohl selbst der kleinste Palastkomplex – Rivero – die Größe von sechs Fußballfeldern hat. Im Palastkomplex bewahrte der Herrscher seine Güter auf, hier empfing er die Untergebenen. Und hier wurde er auch beerdigt. Während seine Angehörigen weiterhin im Palastkomplex lebten, ließ der nachfolgende Chimú Cápac einen neuen Palast errichten, von dem aus er regierte.
Am besten erhalten ist die nach dem Schweizer Südamerika-Forscher Johann von Tschudi (1818–1889) benannte Ciudadela Tschudi (»Tschudi-Zitadelle«). Dort befanden sich königliche Gräber, eine Zisterne, Zeremonienplätze, Gärten, Militärbaracken und ein Wohnsektor mit der »Galerie der Schreine«. Eine Reihe von 45 kleinen Zellen, die nur einen engen Zugang von oben haben, diente möglicherweise als Gefängnis.

An den besterhaltenen Mauerpartien dieser Zitadellen – vor allem Tschudi und Rivero – kann man noch heute Schmuckfriese erkennen, die gegossen und auf dem noch frischen Lehmbewurf aufgeklebt wurden. Ursprünglich müssen sie farbig bemalt gewesen sein.
Die Rituale der Chimú kreisten offenbar mehr um die Toten als um die Lebenden. So hat man hölzerne Modelle von Eingangshöfen der Zitadellen in späten Chimú-Gräbern auf der Huaca de la Luna gefunden. Die auf Tüchern aufgestellten Miniaturfiguren und Objekte zeigen Würdenträger und Priester, die mit Geschenken, Lamas und gefesselten Gefangenen den Eingangshof betreten, während die Hauptfiguren – adlige Mumienbündel – im Hinterteil des Hofes auf ihre Opfergaben warten.
Das Ortsmuseum (Museo de Sitio de Chan-Chan) erzählt die kulturelle Entwicklung von den ersten steinzeitlichen Menschen von Paiján bis zu den städtischen Bewohnern von Chan-Chan.

CARAL – »HEILIGE MUTTERSTADT«

Zur gleichen Zeit wie die Ursprungszentren menschlicher Zivilisation in Mesopotamien, Ägypten, China und Indien stand am Río Supe ein Ort in Blüte, den Radiokarbon-Messungen auf das Jahr 2627 v. Chr. datieren – Caral mit mindestens 3000 Einwohnern. Die Neue Welt ist also ebenso lange zivilisiert wie die Alte Welt. Die Ruinenstätte wurde 2001 offiziell zur ältesten Stadt Amerikas und 2009 von der UNESCO zum Weltkulturerbe erklärt. Inmitten einer wüstenhaften Ebene grub die Archäologin Ruth Shady Solis von der San-Marcos-Universität in Lima bisher 20 Steinbauten mit sieben Pyramiden aus. Der Komplex der Großen Pyramide besitzt einen runden Platz und eine Pyramide mit Plattformen. Eine Treppe führt vom Platz zum Atrium hinauf. Es gab einen rechteckigen »Altar des Ewigen Feuers« mit unterirdischer Ventilation. Solis vermutet, dass die Küstengebiete durch El Niño regelmäßig überschwemmt wurden und die Anwohner in die Wüstengebiete auswichen. Ein Rätsel bleibt, wo die Menschen abgeblieben sind, da man bisher nur zwei Skelette fand.

WEITERE INFORMATIONEN ZU CARAL

www.zonacaral.gob.pe

Die Ausmaße der ehemaligen Hauptstadt des Chimú-Reiches Chan-Chan sind gewaltig.

In der Umgebung von Jaén werden immer wieder neue Tempelanlagen entdeckt, wie hier aus der Bracamoros-Kultur vor mehr als 4000 Jahren (rechts unten). Berühmt sind die Felsmalereien von Faical (oben). Der Nationalpark de Cutervo bietet bedrohten Tierarten noch Schutz, so El Tigre, dem südamerikanischen Jaguar (unten).

10 Jaén – Felsmalereien und der älteste Nationalpark

Geschäftige Handelsstadt

Eingebettet in weite Reisfelder und Hügel liegt im Norden des Departements Cajamarca die Ortschaft Jaén, mit großen Kaffeeanpflanzungen ringsum. Außerdem befindet sich in dieser Region der älteste Nationalpark des Landes.

Jaén wurde von den Spaniern als San Leandro de Jaén de los Bracamoros gegründet. Vom 12. bis 15. Jahrhundert bewohnten die Bracamoros (auch Pukamuros, Yawarsongo, Huaringa oder Wawaringa genannt) die Flusstäler des Río Chinchipe, des Río Marañón und des Río Huancabamba. Sie leisteten gegen die Eroberungen der Inka und der Spanier erbitterten Widerstand.
Im Regionalmuseum Hermógenes Mejia Solf kann man archäologische, anthropologische und paläontologische Fundgegenstände bewundern, so zum Beispiel Nachbildungen zahlreicher Felsmalereien.

Felsmalereien von Faical und Yamón

Faical und Yamón sind zwei der bedeutendsten Orte mit Felsmalereien – nicht nur der Region, sondern ganz Perus. Die Stele von Chontali und der Monolith von Pampas del Inka deuten auf Einflüsse von Kunturhuasi hin.
Von Jaén fährt man mit einem Kleinbus etwa drei Stunden bis zur Abzweigung nach Mandinga. Dort steigt man aus und wandert etwa eine Stunde zum Caserio Faical. Von hier geht es etwa 20 Minuten zu einer weißen Felswand hoch, die mit zahlreichen roten Malereien versehen ist. Sie zeigen Jagdszenen, Rituale, Schamanen, den »Señor von Faical«, Gefangene, Musikanten sowie die einheimische Flora und Fauna.
Nicht weniger eindrucksvoll sind die Höhlenmalereien von Yamón, zu denen man mit einem Kollektivtaxi gelangt. Nachdem man eine Brücke über den Río Marañón überquert hat, steigt man im Ort Corral Quemada aus und nimmt ein Fahrzeug in Richtung Lonya Grande. Am Weiler Chuñuño angekommen, sieht man unmittelbar neben der Straße die ersten roten Malereien an den Felswänden. Von Chuñuño führt ein Fußweg zur Ortschaft Yamón, von wo ein Pfad durch eingezäuntes Ackerland rechts zu den drei Höhlen hoch über dem Marañón mit den Malereien führt. Der Aufstieg dauert etwa 45 Minuten.
Die ältesten Zeichnungen zeigen Jagdszenen auf Lamas. Die gewaltige Fels-

wand der letzten Höhle ist gleichsam übersät mit Lamas in weißen, gelben und roten Farben. Aus späterer Zeit stammen wahrscheinlich die Zeichnungen der ersten beiden Höhlen, darunter Abbildungen von Tieren in verblüffender Qualität.
Auf der Straße von Jaén nach Pucará führt nach etwa acht Stunden Fahrzeit eine Abzweigung zum Ort Chontali. Über einen Pfad erreicht man dann die Stele von Agua Azul de Chontau (auch Stein von Chunchuca genannt). In die fast zwei Meter hohe Stele sind Muster eingeritzt.
Von San José del Alto führt ein Pfad zum Monolithen Pampas del Inkas (auch manchmal bekannt unter dem Namen Stein von Tabaconas). Die Steinfigur ist über zwei Meter hoch, die anatomischen Details wie Kopf, Arme, Hände, Beine, Füße sind durch tiefe geritzte Furchen markiert.

Nationalpark von Cutervo

Der älteste Nationalpark des Landes, der Parque Nacional de Cutervo, wurde 1961 vom peruanischen Biologen Salomon Vilchez Murga (1907–93) gegründet und wird verwaltet von Sistema Nacional de Areas Naturales Protegidas por el Estado Peruano (SINANPE). Der 25 Quadratkilometer große Nationalpark auf den Páramos beherbergt die Höhle Cueva de los Guácharos de San Andrés, in der zahlreiche Guacharos (*Steatornis caripensis*) nisten, vom Aussterben bedrohte hühnergroße Nachtvögel. Im Bergurwald wachsen Orchideen, Bromelien und Farne. Zwischen 2000 und 3500 Metern wuchern die nassen dichten Nebelwälder. Die weiten Grasfelder über 3500 Meter dienen dem Bergtapir als Lebensraum. Außerdem bildet der Park die Heimat für Andenbären, Pumas, Jaguare, Leoparden, Ozelots, Fischotter und zahlreiche Vogelarten.

BATAN GRANDE – DER HERR VON SICÁN

Batan Grande im Trockenwald Bosque de Pómac bietet eine Mischung aus Geschichte und Natur. 1978–2001 hob der Japaner Izumi Shimada hier am Fuße der Huaca Loro (Papageienpyramide) mehrere Gräber der Sicán-Periode (750–1375) aus. Im Sicán-Zentrum (Mondtempel) aus etwa 20 Lehmziegelpyramiden entdeckte man 1991 die Grabkammer des »Señor de Sicán« – nicht zu verwechseln mit dem Grab des »Señor de Sipán« – mit wertvollen Grabbeigaben aus Gold, Smaragden und Türkisen. Der Leichnam des Herrn von Sicán lag in der Mitte der Grabkammer, mit ihm begraben wurden zwei Frauen. Außerdem enthielt das Grab das Skelett eines Kindes.
Westlich davon befindet sich ein weiteres Grab, das 1995/96 ausgegraben wurde. Es enthielt 18 Frauen sowie Keramikgefäße und Tumi-Messer. In der Mitte der Zentralkammer saß ein Mann mit übereinandergeschlagenen Beinen.

WEITERE INFORMATIONEN ZU DEN GRABSCHÄTZEN DER MOCHE

Museo Nacional Sicán:
Av. Batán Grande Block 9, s/n. Carretera a Pítipo-Ferreñafe, http://sican.perucultural.org.pe/museo1.htm

Blick vom Hügel Santa Apolonia auf die Innenstadt von Cajamarca (rechte Seite). Das reich verzierte Tor der Kathedrale (oben). Christusfigur in der Kirche Belén (unten).

11 Cajamarca – das Ende der Inka

Cajamarca und Umgebung

Stimmungsvolle Orte, atemberaubende Landschaften und spektakuläre Ruinen lohnen die strapaziöse Anfahrt über schlechte Straßen ins nördliche Hochland. Nur wenige Reisende finden den Weg in die »vergessene Stadt des Nordens«. Die wunderbare Architektur aus der Kolonialzeit und die interessante Geschichte machen insbesondere Cajamarca zu einem unvergesslichen Reiseziel.

Bei einem Abstecher von der Panamericana landeinwärts kann man dem touristischen Rummel ein wenig entfliehen und eine ruhige Kolonialstadt mit angenehmer Atmosphäre besuchen. Hier befindet sich das Zentrum der peruanischen Milchwirtschaft.

Das Ende Atahualpas

In Cajamarca begann der Untergang des Inkareiches. Als Francisco Pizarro mit seinen Männern im November 1532 in Cajamarca eintraf, ließ er den Inkaherrscher Atahualpa auffordern, »sich dem Gesetz unseres Herrn Jesus Christus und dem Dienst an Seiner Majestät zu unterwerfen«. Dieser dachte gar nicht daran, denn soeben hatte er nach einem fünfjährigen Erbfolgekrieg seinen Bruder Huáscar besiegt. Die zwei Söhne von Huayna Cápac (1493–1527) waren an unterschiedlichen Orten aufgewachsen – Atahualpa (1500–1533) in Tomebamba (heute Cuenca in Ecuador). Quito, die heutige Hauptstadt Ecuadors, wurde als Stützpunkt für militärische Operationen faktisch zur zweiten Hauptstadt, in der sich eine eigene Aristokratie gegenüber dem Hofstaat in Cusco herausbildete. Dort residierte sein Halbbruder Huáscar (1500–1532). Nach dem Tod von Huayna Cápac wurde der Bruderkrieg unvermeidlich. Gerüchte besagen allerdings, dass Huáscars Mutter den Krieg gegen Atahualpa angestiftet haben soll, weil dessen Mutter, die schöne Shyri-Prinzessin Paccha Duchicela (Shyri XVI), die Lieblingsfrau von Huayna Cápac war. Als Pizarro also seinen Vormarsch zur Eroberung des Inkareiches begann, hatte es sich noch nicht vom Erbfolgekrieg erholt. Es fiel den Spaniern daher nicht schwer, unter Ausnutzung von Überraschung, Kriegslist und Gewalt in das von Atahualpa nach Cajamarca verlegte Reichszentrum vorzudringen und den Inka gefangen zu nehmen.

Das Lösegeldzimmer

Eine besondere Sehenswürdigkeit ist das berühmte Cuarto del Rescate (Lösegeldzimmer), das der Inka-Herrscher Atahu-

Die Ventanillas de Otuzco: ein Inkafriedhof bei Cajamarca (oben). Kuppel der Iglesia de Belén (Mitte). Cajamarca ist ein Zentrum der Milchwirtschaft (unten). Blick auf die Kathedrale an der Plaza de Armas (rechte Seite unten).

alpa mit Gold und Silber von unschätzbarem Wert für seine Freilassung füllen ließ. Noch heute kann man in dem 60 Quadratmeter großen Raum, in dem das Lösegeld gesammelt wurde, die dunkle Linie sehen, welche die Höhe des Schatzes markierte. Aber die Spanier verurteilten Atahualpa dennoch wegen angeblichen Verrats zum Tode. Am 29. August 1533 ließen sie ihn auf der Plaza de Armas erdrosseln. Zuletzt ließ sich der Inka noch taufen, denn das bewahrte ihn vor dem Feuertod. Für das Weiterleben der Toten war nach den Vorstellungen der Inka die Erhaltung der äußeren Körperform wichtig. Gelang es, die Verwesung aufzuhalten, so war der Fortbestand der Toten gewährleistet. Zerfiel die Leiche, so endete damit auch die Existenz des Verstorbenen; ein »zweiter Tod« löschte sein Leben für immer.

Ansehen sollte man sich mindestens noch einen der schönsten Barockbauten Perus: die Iglesia de Belén mit reich gestalteter Fassade. Die 1744 fertiggestellte Kirche des Bethlehemiten-Ordens besteht aus dem Gotteshaus, das zwischen 1699 und 1705 errichtet wurde, einem Frauenspital und einem Männerspital. Im Portal des alten Frauenspitals tauchen manieristische Modelle auf, das Männerspital dagegen ist das einzige Beispiel der Spitalarchitektur in Peru, die vom Mittelalter inspiriert ist.

Die Kirche bietet eine originelle, bunte Innenausstattung mit der Tendenz zum Kitsch. Hausbackene Engelsfiguren scheinen die Kuppel zu tragen. Besonders fallen die Rhombenbänder, Farbdekorationen und Cherubine auf, welche alten manieristischen Dekorationsmustern zu folgen scheinen. In der Kuppel ragen acht Engelsfiguren mit entblößten Oberkörpern und kurzen Röcken aus breiten Blättern hervor, die ebenfalls dem Repertoire des Manierismus entstammen. In der Sakristei hängen die Porträts der Generalpräfekten der Bethlehemiter-Mönche, die 1768 der Mexikaner Joseph de Páez (1720–1790) gemalt hat.

Rund um die Plaza de Armas

Die heutige ungewöhnlich große Plaza de Armas war am 16. November 1532 der Ort der Gefangennahme Atahualpas. Im Juli des darauffolgenden Jahres richteten die Spanier den Inkaherrscher auf dem gleichen Platz hin. Fast 300 Jahre später, am 13. Dezember 1823, bereiteten die Bewohner Cajamarcas dem Befreier Simón Bolívar hier einen begeisterten Empfang. Noch heute bildet der Platz das Herz der Stadt und ist beliebter Treffpunkt für junge Pärchen und alte Leute. Der Brunnen in seiner Mitte stammt aus dem Jahr 1699.

An der Ostseite der Plaza de Armas erhebt sich die mit Vulkanlava gebaute dreischiffige Kathedrale, in deren Innenraum eine vergoldete Kanzel steht. Die 1699 ohne Glockenturm gebaute Kathedrale ist ein Meisterwerk einheimischer Steinmetzkunst. Blätter und Blumen, barocke Engel und Ziergiebel überziehen das Mauerwerk. Erst 1762 erfolgte die Einweihung, und die Türme wurden sogar erst im Jahr 1959 vollendet. Die Steine für den Bau stammten vom zerstörten Inkapalast. Hinter dem Hauptaltar ist der ursprüngliche vollständig mit Blattgold überzogene churrigviereske Altar zu finden. Das vielleicht wertvollste

Prunkstück ist die Monstranz – »La Hermosa« (»Die Vortreffliche«) genannt –, die nur während der Karwoche verwendet wird.
Wunderbar sind die Steinmetzarbeiten der Kapelle, die in ihrer Feinheit an Holzschnitzereien erinnern. Ein Band mit 56 Büsten (Heilige, Könige und Schutzherren der Franziskaner) schmückt die Seitenwände. Unter den Reliefs ragen zwei gewaltige Werke an den Seitenwänden des Presbyteriums hervor. Sie stellen das Abendmahl und die Waschung der Füße dar.
Die vier salomonischen Säulen an der Fassade, die mit dekorativen Pflanzenmotiven geradezu überladen sind, lassen Nischen frei, in denen Statuen von Ordensheiligen stehen. Den letzten und höchsten Korpus krönt das Bildnis des heiligen Antonius von Padua, des Schutzpatrons der Kirche. An der rechten Seite der Kathedrale befindet sich die Kapelle der Virgen de las Dolores. Als Schutzpatronin der Stadt Cajamarca genießt diese Heiligenfigur die besondere Verehrung der Gläubigen.
Auf der Westseite der Plaza de Armas erblickt man die unverputzten Quadermauern und die unvollendeten Glockentürme der Iglesia de San Francisco, die einen mit Blattgold belegten Barockaltar besitzt. Sie war für die indianische Bevölkerung bestimmt, daher auch der Name »Iglesia de los Indios« (»Indianerkirche«). Diese Kirche mit dem angrenzenden Kloster wurde 1533 erbaut und gehört damit zu den ältesten christlichen Zeugnissen Perus.
Einen schönen Blick über die Stadt genießt man vom Hügel Cerro Santa Apolonia. Von hier aus richteten die Spanier unter Francisco Pizarro ihre Kanonen auf die unten stehende Inkaarmee. Und acht Kilometer nordöstlich der Stadt sieht man die Ventanillas de Otuzco – Grabnischen, die ins Vulkangestein geschlagen wurden und die aus der Ferne an kleine Fenster (*ventanillas* heißt Fensterchen) erinnern.

YMA SUMAC

In Ichocán, 124 Kilometer von Cajamarca entfernt, wurde am 10. September 1922 Yma Sumac geboren, was in Quechua »Wie schön« bedeutet. Diese berühmte Sängerin, die eigentlich Zoila Augusta Emperatriz Chavarri del Castillo heißt, konnte mit ihrer Stimme den erstaunlichen Tonumfang von viereinhalb, in jungen Jahren sogar sechs Oktaven abdecken. Sie studierte in Lima und trat auch im Rundfunk auf. 1942 heiratete sie Moisés Vivanco, der eine Tanzgruppe leitete. 1943 machte sie Volksmusikaufnahmen in Argentinien, doch 1946 hatte sie Auftritte nur noch in kleineren Ensembles. 1954 trat sie in dem Film »Secret of the Incas« auf, 1957 in »Omar Khayyam«. 1992 drehte das deutsche Fernsehen die Dokumentation »Hollywoods Inkaprinzessin« über sie. 1998 wurde ihre Musik Teil des amerikanischen Spielfilms »The Big Lebowski«.
Im Mai 2006 wurde ihr der Orden »El Sol del Perú« verliehen. Im gleichen Jahr wurde ihr Titel »Xtabay« ein Teil des deutschen Kinospielfilms »Die Österreichische Methode«.
Yma Sumac: www.sunvirgin.com/

WEITERE INFORMATIONEN ZU CAJAMARCA

www.cajamarca.org

12 Chachapoyas & Co – die »Wolkenmenschen«

Im Reich der »Wolkenmenschen«

Das nördliche Andenhochland gehört zu den interessantesten Regionen Perus. Es gilt noch immer als Geheimtipp für Peru-Reisende und ist ein aufregendes Erlebnis für abenteuerlustige Urlauber. Dabei gilt die Umgebung der Stadt Chachapoyas als eine der landschaftlich wie auch archäologisch reizvollsten Regionen des Landes. Doch die Anfahrt ist mühsam und derzeit nur über Land möglich.

An der Plaza de Armas erhebt sich die Iglesia de Santa Ana, die erste indigene Kirche (rechts unten). Befestigungsmauer von Kuélap (rechts oben) mit Verzierungen (oben). Ein einheimisches Geschwisterpaar (unten).

Um 1470 besiegte der Inkaherrscher Túpac Inca Yupanqui (reg. 1471 bis 93) die Chachapoya, konnte sie aber nie vollständig unterwerfen. Zur Kontrolle der Region bauten die Inka eine Straße und Stützpunkte. Aber trotz Massendeportationen und härtester Strafaktionen kam es immer wieder zu Aufständen. Die großen Krieger der Chachapoya mit ihren rot bemalten Gesichtern, kahl geschorenen Schädeln und dem goldenen Nasenschmuck versetzten ihre Feinde in Angst und Schrecken. Die Inka nannten sie »Sacha Puya«, »Wolkenkrieger«. Trotz der entdeckten Siedlungen der Chachapoya weiß man immer noch sehr wenig über dieses Volk.
Chachapoyas ist eine hübsche Kleinstadt auf 2330 Metern Höhe, die am 5. September 1538 von dem spanischen Conquistador Alonso de Alvarado (1500 bis 1556) in Xalca gegründet und 1544 an ihre heutige Stelle verlegt wurde. Das Zentrum bildet die Plaza de Armas mit Bronzebrunnen und Kolonialgebäuden. Sehenswert sind das Rathaus und das Geburtshaus des peruanischen Unabhängigkeitskämpfers Toribio Rodriguez de Mendoza (1750 bis 1825) sowie das kleine Museo Arqueológico de Amazonas des Instituto Nacional de Cultura. Nördlich der Plaza steht die erste indigene Kirche, von den spanischen Eroberern im 17. Jahrhundert erbaut wurde, die Iglesia de Santa Ana.

Die »Zwölf Städte des Kondors«

Inmitten einer schroffen Felswand befinden sich in 20 Metern Höhe die Sarcófagos de Karajía, 2,50 Meter hohe bemalte Holzskulpturen und Sarkophage aus Lehm. Man kann sie ohne technische Ausrüstung nicht erreichen. Es ist nach wie vor ungeklärt, wie es den Menschen dieser Kultur gelang, in dieser Höhe solche Grabstätten zu errichten. Die Gruppe umfasst sieben bunt bemalte Sarkophage, ein achter ist in den Abgrund

Die rot bemalten Totenhäuser des Mausoleums von Revash (rechte Seite unten). Die Sacrófagos de Karajía (oben). Einheimische Frauen blicken auf das Treiben auf der Straße (Mitte). Verzierungen auf einem Stein in der Festung (unten). Catarata de Gocta (rechte Seite oben).

gestürzt. Die Sarkophage bestehen aus maskenartigen Köpfen und konischen Leibern, im Innern befinden sich in Fell oder Baumwolltuch gewickelte Leichname, die in ein Netz aus Stricken gesetzt wurden, sodass Bündel entstanden.

Fährt man von Pedro Ruíz Gallo nach Osten in Richtung Moyobamba, kommt man in den kleinen Ort Pomacochas, dem Ausgangspunkt für einen Ausflug zur Laguna de Pomacochas auf 2150 Metern Höhe. Mit einer Fläche von zwölf Quadratkilometern und einer maximalen Tiefe von 80 Metern gehört die Lagune zu Perus größten Seen.

In der Nähe kann man Pueblo de los Muertos besuchen, ein weiteres Bestattungszentrum mit Sarkophagen der Chachapoya-Kultur. Inmitten einer herrlichen Landschaft mit Wasserfällen befinden sich hier zahlreiche Grabtürme, in denen kleinere, etwa 1,30 Meter große Sarkophage gefunden wurden. Außer den kleinen Sargstatuen erblickt man stark beschädigte Kammergräber und eine Chullpa (Grabkammer) sowie Felsmalereien, womit gleich drei Begräbnistraditionen an ein und demselben Ort zu besichtigen sind.

Fortaleza de Kuélap

Erst 1843 entdeckte der Richter Juan Crisóstomo Nieto zufällig unter dem Pflanzendickicht einen Rundturm, dessen Nischen und Boden mit Gebeinen und Schädeln gefüllt waren. Im selben Jahr fand der deutsch-peruanische Forscher Ernst Wilhelm Middendorf (1830–1908) hier Knochenreste und Schädel der Chachapoya. Der Forscher spricht von den »Zwölf Städten des Kondors«, in denen Menschen vom Stamme der Chacha bzw. Sachupoya Schutz vor der Herrschaft der Inka suchten. Das Wort leitet sich wahrscheinlich von den Quechua-Wörtern *chacha* (Wald) und *poya* oder *puya* (Nebel oder Wolke) ab.

Zweifellos ist Kuélap, zwischen 1100 und 1300 n. Chr. entstanden, in Peru die spektakulärste archäologische Sehenswürdigkeit nach Machu Picchu. Hoch über dem Utcubamba-Tal, auf einem Bergrücken an den Andenhängen zum Amazonasbecken gelegen, thront diese Festung auf einem 3100 Meter hohen Bergplateau an der oberen Grenze der Bergregenwälder.

Schon von Weitem ist die gigantische, 584 Meter lange und bis zu 20 Meter hohe Befestigungsmauer aus massiven Kalksteinblöcken zu erblicken, die aus 40 Reihen von Steinquadern besteht, von denen jeder zwischen 100 und 200 Kilogramm wiegt. Man schätzt, dass die Chachapoya 100 000 Steinquader für dieses Bauwerk verwendet haben. Dabei hat man die Steine nur aufeinandergesetzt, ohne Mörtel zu verwenden.

Drei trichterförmige Eingänge (zwei im Osten, einer im Westen) führen ins Innere der Anlage. Die Zugänge verjüngen sich nach innen und sind so schmal, dass ein einziger Krieger sie verteidigen konnte. Die Festung gleicht daher einer letzten Zufluchtsstätte, obwohl Kuélap dies wahrscheinlich niemals war. An den beiden Endpunkten der Stadt wurden Wachtürme errichtet, von denen sich ein fantastischer Rundblick über die Bergwelt bietet.

Ganz im Süden steht ein 5,50 Meter hoher Turm, der wegen seiner Form eines umgekehrten Kegels »El Tintero« (»Tintenfass«) genannt wird. In den

Stein ist ein Gesicht eingemeißelt. Unten befindet sich eine enge Öffnung, ein Zugang zu einem weiten, tiefen unterirdischen Raum, in dem man Knochen von Raubtieren fand. Vielleicht wurden hier Raubtiere gehalten, zu welchem Zweck auch immer. Manche Forscher meinen, der Turm sei als Gefängnis oder zur Todesstrafe benutzt worden, andere halten ihn für ein Observatorium, da sich die Lichtstrahlen aus Mauerritzen an bestimmten Tagen in der Mitte treffen. In der Mitte von Kuélap liegt ein rechteckiger Gebäudekomplex mit drei Plattformen, »El Castillo« (»Schloss«) oder »Mausoleum« genannt. In den Gräbern wurden viele Mumien gefunden, die seltsamerweise blonde Haare hatten.
Im nördlichen Teil der Anlage ragt der runde Turm »El Torreón« auf, der wahrscheinlich zu Wach- und Verteidigungszwecken diente. Bei gutem Wetter reicht die Sicht über Tingo bis Chachapoyas und auf der anderen Seite bis zum Marañón.

Totenhäuser von Revash und der »See der Mumien«

Die grellrot bemalten Totenhäuser von Revash wurden in den Nischen einer steilen Felswand errichtet und sind berühmt für ihre Chullpas. Die Satteldächer sind rein symbolisch, denn wegen des überragenden Felsens konnte ihnen weder Regen noch Sonne etwas anhaben. Der Aufstieg zu den Ruinen dauert etwa drei Stunden.
In der Nähe der Kolonialstadt Leymebamba liegt ein besonderes Juwel: der Hochlandsee Laguna de los Cóndores oder »Laguna de las Momias« (»See der Mumien«). Hier fand man 1996 sechs doppelstöckige Chullpas mit über 200 Mumienbündeln, die trotz der Hitze und Feuchtigkeit sehr gut erhalten waren. Die einzige Möglichkeit, zum See zu gelangen, ist eine acht- bis zehnstündige Wanderung, die am südlichen Ortsende von Leymebamba beginnt und auf schlammigen Pfaden über einen 3660 Meter hohen Pass führt.

CATARATA DE GOCTA

Recht schwierig zu erreichen, doch umso eindrucksvoller ist der gewaltige Catarata de Gocta. Der den Einheimischen als »Catarata de San Pablo« bekannte Wasserfall stürzt in zwei Stufen zum Río Cocahuayco in die Tiefe. Die Sage der Einheimischen erzählt von einer Meerjungfrau, die diesen Wasserfall beschützt und deren weißes Haar man auf dem Grund des Falls sehen könne. Der deutsche Forscher Stefan Ziemendorff und peruanische Forscher vermaßen den Wasserfall 2006 erstmals. Mit 771 Metern soll er nach den Angel Falls in Venezuela und den Tugela Falls in Südafrika der dritthöchste Wasserfall der Erde sein. Diese Angaben sind allerdings umstritten – manche halten den Ramnefjellsfossen und den Mongefossen in Norwegen für höher. Wie dem auch sei – der Anblick dieses imposanten Schauspiels entschädigt für die Mühen der Anreise. Seit 2007 gibt es in der Nähe ein kleines Hotel.
Tourunternehmen: Sumaq Peru Travel S.S.C., Agencia de Viajes Mayorista y Tour Operadora, Tel. (+511) 0242-6595, www.sumaqperu.com

WEITERE INFORMATIONEN ZU CHACHAPOYAS

www.regionlamazonas.gob.pe

Treppenaufgänge führen zur zentralen Plaza (oben). Eine goldene Krone von Kunturhuasi (unten).

13 Kunturhuasi – das Haus des Kondors

Monolithe und »Jaguarmenschen«

Der zeremonielle Komplex von Kunturhuasi (»Haus des Kondors«) bei Cajamarca war etwa ab 1100 v. Chr. von einer Kultur besiedelt, deren Ursprung an der Küste lag. Hier wurden sieben Gräber gefunden mit dem ältesten bekannten Goldschatz, den Wissenschaftler bisher überhaupt in Amerika entdeckten.

Kunturhuasi (auch Kuntur Wasi) präsentiert über ein Dutzend säulenartige Monolithe. Der bedeutendste darunter stellt ein mystisches Wesen dar, dessen linkes Auge vom geringelten Hinterteil einer Schlange gebildet wird. In den Händen hält es einen Trophäenkopf. Die Treppenaufgänge zur zentralen Plaza werden von verschiedenfarbigen Quadersteinen geschmückt, ebenfalls vorzügliche Bildhauereiarbeiten. Auf der Hauptplattform befinden sich kleinere Plattformen mit Plätzen, sodann ein quadratischer, versenkter Platz und hinter der zentralen Plattform ein weiterer versenkter runder Platz.

Im Boden der zentralen Plattform fanden japanische Archäologen reichhaltigen Goldschmuck – den ältesten Goldschatz, den man bisher in Amerika barg. Darunter befanden sich zwei Kronen – die eine mit 14 menschlichen Gesichtern, die andere mit fünf Raubkatzengesichtern – und Brustpanzer mit mythologischen Abbildungen.

Geheimnisvolle Gräber

Sieben Gräber sind recht gut dokumentiert. Im Grab Nr. 1 wurde ein 50 bis 60 Jahre alter Mann beigesetzt – in Hockstellung, mit Blick gegen den nördlich gelegenen Grabeingang. Die Beigaben bestanden aus Gegenständen aus Gold, Stein, Muscheln und Keramik. Im Grab Nr. 4 befand sich die einzige Frau der Anlage. Auch sie war hockend beigesetzt worden, allerdings mit Blick nach Süden. In ihrem Grab fand man Spondylusmuscheln. Das Grab Nr. 5 unterscheidet sich vollständig von den anderen. Es liegt außerhalb des Gräberfeldes und bewahrte einen 40- bis 50-jährigen Mann mit einem Loch im Schädel. Ihm wurden lediglich Kupfer- und Knochenobjekte mitgegeben.

Im Museum ist neben den Goldschätzen und weiteren Grabfunden die Tonfigur eines »Jaguarmenschen« aus der Frühzeit von Kunturhuasi ausgestellt. Sie ist mit fünf Farben bemalt und hat dicke Lippen und Reißzähne.

14 Chiclayo – Verkehrsknotenpunkt und Hexenmarkt

Umtriebige Küstenstadt

Die Fischerei ist einer der Haupterwerbszweige der Menschen an Perus Nordküste. Verantwortlich für den Fischreichtum ist der kalte Humboldtstrom – sehr zum Leidwesen der Strandfans, denn erst nördlich des 6. Breitengrades erlauben die Wassertemperaturen das Baden in den Fluten des Pazifiks.

Dunst steht wie Rauch über der Panamericana, auf der die Lastwagen mit einer gewaltigen Staubfahne hinter sich entlangdonnern. Überfüllte Busse, an denen Menschentrauben hängen, sind ebenfalls auf dieser »Traumstraße« unterwegs, die vor allem im Norden übersät ist von Schlaglöchern. Zahlreiche Baustellen machen die Fahrt mühsam. Chiclayo liegt inmitten einer 2000 Kilometer langen Küstenwüste, einer der trockensten der Erde.

Markt der Wahrsager und Heiler

Nur wenige Kilometer vom Meer entfernt, am Südrand der Sechura-Wüste gelegen, besitzt Chiclayo ein trockenes Küstenklima mit Temperaturen, die zwischen 17 und 33 Grad Celsius schwanken. Lange Zeit stand die erst 1720 gegründete Stadt im Schatten des benachbarten Lambayeque, doch heute ist Chiclayo eine der am schnellsten wachsenden Städte Perus. Die viertgrößte Stadt des Landes ist eine wichtige Agrar- und Handelsachse im Norden Perus zwischen Küste, Bergland und Amazonasgebiet.

Für Besucher interessant ist der Mercado Modelo (Zentralmarkt), den die Einheimischen auch »Mercado de Brujas« (»Hexenmarkt«) nennen. Dort gibt es Verkaufsbuden mit exotischen Früchten, Gewürzen, Lebensmitteln, Handwerksprodukten und Textilien. Zudem bietet der Markt aber noch die traditionelle Volksmedizin der bekannten »Curanderos«, der Naturheiler und Wahrsager – mit teilweise furchterregenden Methoden. Ihm angeschlossen ist der Mercado de Hierbas (Kräutermarkt) mit Wundermittelchen gegen allerlei Gebrechen. Besonders reizvoll sind die vielen traditionellen Festivitäten, die man in und um Chiclayo abhält. Und wer sich für das Kunsthandwerk interessiert, kann Produktionsstätten besuchen, in denen neben gewebten Textilien und Flechtwerk auch Keramiken in traditioneller Weise hergestellt werden.

Chiclayo hat interessante Märkte zu bieten (unten) und ist ein wichtiges Agrarzentrum (oben).

Die Kathedrale von Lambayeque (oben). Die Grabstätte des »Señor de Sipán«, eines mächtigen Fürsten der Mochica-Kultur (unten), ist heute in einem eigens errichteten Museum zu sehen, das einer Huaca der Mochica gleicht (rechts unten).

15 Lambayeque – das Museum des Herrn von Sipán

Zwischen Tradition und Moderne

Über fast 1300 Kilometer erstreckt sich die Panamericana Norte von Lima nach Tumbes an der Grenze zu Ecuador. Sie führt durch die meist eintönige peruanische Küstenwüste, die nur im nördlichen Abschnitt schöne Badestrände bietet. Unterwegs laden einige der wichtigsten kulturellen Sehenswürdigkeiten des Landes zum Besuch ein, und auch im gebirgigen Hinterland gibt es viel zu entdecken.

Lambayeque mit seiner beschaulichen Atmosphäre, hübschen Kolonialhäusern mit aus Holz geschnitzten Balkonen und Fenstern hinter schmiedeeisernen Gittern bildet einen angenehmen Kontrast zum geschäftigen Treiben im nur zwölf Kilometer entfernten Chiclayo. Schon ab 1720 entwickelte sich der Ort zu einer der wohlhabendsten Städte des Vizekönigreichs Peru, weil nach einer Überschwemmung im benachbarten Zana-Tal die reichsten Anwohner hierher flohen. Um die Plaza 27 de Diciembre herum stehen das Geburtshaus des ehemaligen Präsidenten und Diktators Augusto B. Leguía (1863–1932), das Kasino und das Gemeindehaus. Die Ecken der Plaza nehmen Obelisken ein, die mit den Namen der Vorkämpfer der Unabhängigkeit versehen sind, während in der Platzmitte eine Venusstatue steht. Die Altäre in der monumentalen gelben Iglesia San Pedro aus dem 17. Jahrhundert, ebenfalls an der Plaza de Armas gelegen, sind vergoldet; der älteste aus der Barockzeit ist der »Virgen de las Mercedes« gewidmet. Hinter der Kirche steht die über 400 Jahre alte Casa de la Logia Masónica mit dem längsten Balkon Südamerikas.

Museen in Lambayeque

Das wichtigste Highlight stellt zweifellos das neue Museo Tumbas Reales de Sipán dar, in dem die sensationellen Grabfunde aus der Huaca Rajada einen würdigen Rahmen gefunden haben. Das Gebäude des Museums, das 2002 eingeweiht wurde, ist im Stil einer Moche-Pyramide errichtet und besteht aus fünf rötlichen Prismen. Genau genommen ist es nicht nur Museum, sondern zugleich Mausoleum – nämlich Ruhestätte des »Señor de Sipán« und seiner Begleiter. Gezeigt werden mehr als 2000 Goldobjekte sowie Keramiken und Textilien. Das Herzstück des Museums bilden die lebensgroße Figur des

»Herrn von Sipán« mit goldenen Brustplatten, Armreifen und dem aufwendigen Kopfschmuck sowie eine Nachbildung der Grabkammer. In Vitrinen liegen Schmuckstücke aus Gold, Kupfer, Türkisen und Spondylusmuscheln.
Im obersten Stock, den man über eine Rampe erreicht – sie symbolisiert den Aufstieg der Moche zu den Tempeln ihrer Götter – befinden sich Exponate der Moche-Kultur. Hiner der dunkel verglasten Vorkammer am Eingang, die die UV-Strahlung abhält, liegt die Sipán-Heiligtum-Abteilung. Highlight dieser Etage ist die Keramiksammlung der Moche. Das Stockwerk darunter umfasst die Abteilung des »Señor de Sipán« und zeigt die zwölf wissenschaftlich ausgegrabenen und ein geplündertes Grab aus der Huaca Rajada, insbesondere den Grabschmuck des Herrschers von Sipán samt Knochenresten.
Das Museo Arqueológico Nacional Brüning besitzt eine der umfangreichsten archäologischen Sammlungen des Landes. Benannt ist es nach dem deutschen Kaufmann und Forscher Heinrich »Enrique« Brüning (1848–1928), der von 1884 bis 1925 in Peru lebte und als begeisterter Kunstsammler wertvolle Zeugnisse regionaler Kulturen zusammentrug. Noch heute stammen die meisten der ausgestellten Goldarbeiten, Keramiken und Textilien der Lambayeque-, Vicús-, Mochíca- und Chimú-Kulturen aus seiner Sammlung.
Im Panzerraum (»Sala de Oro«) sind äußerst wertvolle und einmalige Schmuckstücke der nördlichen Regionalkulturen zu sehen. Die Ausstellung im Erdgeschoss gibt einen Überblick über die altperuanischen Kulturen. Im ersten Stock werden die Regionalkulturen vorgestellt. Der zweite Stock vermittelt einen Eindruck von den handwerklichen Techniken, und im dritten Stockwerk sieht man neben Fotos zur künstlichen Bewässerung auch chirurgische Instrumente der Chachapoya, Vicús-Keramiken und Chimú-Kunsthandwerk.

VALLE DE LAS PIRÁMIDES

Mehrere Kulturen haben sich im Lauf der Jahrhunderte im fruchtbaren Tal des Río la Leche niedergelassen. Der auch als Valle de las Pirámides (Tal der Pyramiden) bekannte Complejo Arqueológico de Túcume war einmal die Hauptstadt der Lambayeque-Kultur, danach besetzten die Chimú und die Inka die Siedlung. Von einer Aussichtsplattform überblickt man das größte Pyramidenfeld Südamerikas. Entdeckt wurden die Reste der präkolumbischen Kultur ab 1988 von Thor Heyerdahl (1914–2002), der hier eigentlich das Grab des Naymlap (Wasservogel) – der Sage nach Gründer der Lambayeque-Kultur – suchte, um dessen Herkunft über das Meer nachzuweisen. Die größte der Pyramiden, die Huaca Larga, gilt mit fast 700 Metern Länge, 100 Metern Breite und einer Höhe bis zu 40 Metern als größtes Adobebauwerk Amerikas.
Im kleinen **Museo de Sitio** sind Modelle früherer Ausgrabungen sowie Töpferarbeiten aus der Lambayeque-, Chimú- und Inka-Epoche zu sehen.
Museo Tumbas Reales de Sipán:
http://www.museosipan.com/

WEITERE INFORMATIONEN ZU LAMBAYEQUE

www.lambayeque.org
www.lambayeque.com

16 Piura – die älteste Stadt Perus

Schöne Strände am Ort der Unabhängigkeit

An der Küste hat man die Wahl, sich der Lethargie der Tropen zu ergeben oder unvergessliche Badefreuden an langen Stränden zu genießen. Der peruanische Norden bietet beide Möglichkeiten. Weitere Attraktionen sind Zeugnisse früherer Kulturen, denn die Region war die Heimat der Vicús-Kultur.

Die Kathedrale an der Plaza de Armas (oben) sowie feiner Strand und tropisches Klima an der Küste (unten) sind Highlights von Piura.

Die üppige Oase Piura hat ein angenehmes, warmes und trockenes Klima. Sie wurde 1532 von Francisco Pizarro und San Miguel de Piura gegründet – damit ist der Ort die älteste Stadt Perus. Damals lag Piura noch am Río Chira, in der Nähe des heutigen Sullana. Überschwemmungen und Überfälle englischer Piraten veranlassten die Bevölkerung, die Stadt 1588 am jetzigen Standort neu aufzubauen.
Der starken Industrialisierung – und damit alle nachteiligen Umweltfolgen – verdankt die Universitätsstadt der Erdölförderung vor der Küste. Von der kolonialen Struktur der Stadt ist leider nicht viel erhalten, denn viele Gebäude wurden 1912 bei einem Erdbeben zerstört. Heute bilden Grünanlagen und gepflegte Alleen farbige Tupfer zwischen einigen alten spanischen Kolonialbauten und etlichen modernen Gebäuden, zu denen auch das Geburtshaus (Museum) des Admirals Miguel Grau (1834–1879) gehört, der sich als siegreicher Held im Krieg gegen Chile einen Namen machte. Zwei Kirchen sind zu besichtigen: die Kathedrale an der Plaza de Armas, deren Hochaltar mit Blattgold überzogen ist, und die Iglesia de San Francisco, in der im Januar 1821 die Unabhängigkeit der Provinz von Spanien erklärt wurde – fast acht Monate früher als in Lima. Sie ist die älteste Kirche der Stadt

Der alte Mann und das Meer

Gerühmt werden die Strände in der Nähe, zum Beispiel bei Bayóvar mit jahreszeitlich bedingten hohen Wellen, die sich bestens zum Surfen eignen. Der beliebteste Badeort der Stadtbewohner ist Colán mit seinen malerischen Häusern und Terrassen auf Pfahlrosten. Weiter nördlich liegen die Surf-Mekkas Cabo Blanco und Máncora, wo Einheimische und die wenigen Touristen dem Wassersport frönen. Angeblich ließ sich Ernest Hemingway (1899–1961) im Fischerklub von Cabo Blanco, das durch das Seebeben von 1983 fast völlig zerstört wurde, zu seinem Roman *Der alte Mann und das Meer* inspirieren. In den Palmenhainen des nahen Las Pocitas findet man Ruhe und Erholung.

17 Tumbes – Grenzstadt nach Ecuador

Faszinierende Geschichte

Vom Mangrovenwald, von den sonnigen Stränden bei Tumbes bis zu den warmen Wüstentälern südlich von Trujillo erstreckt sich der Landstrich der nördlichen Küstenwüste. Hier liegen nicht nur pittoreske Küstenstädte wie Huanchaco, sondern zwischen Piura und Tumbes auch Perus attraktivste Strände.

Tumbes war einst Heimat des seefahrenden Volks der Tumpi. Und die Inka errichteten hier einen Sonnentempel, ein Haus der »Auserwählten Jungfrauen«, einen Palast und eine Befestigungsanlage. Schließlich ging hier der spanische Eroberer Francisco Pizarro an Land, um das Inkareich zu erobern. Tumbes war die erste Stadt, die 1527 an die Spanier fiel, und die erste Stadt, welche die spanische Kolonialherrschaft wieder abschütteln konnte. Die Unabhängigkeit rief man 1821 aus. 120 Jahre später war Tumbes Aufmarschgebiet im Grenzkonflikt mit Ecuador. Das ehemals ecuadorianische Department Tumbes wurde im Protokoll von Río de Janeiro vom 29. Januar 1942 Peru zugesprochen, weil Ecuador 1941 in der Schlacht von Zarumilla unterlegen war. Erst 1998 unterzeichneten der peruanische Präsident Alberto Kenya Fujimori (1938 geboren) und sein ecuadorianischer Amtskollege Jorge Jamil Mahuat (1949 geboren) in Brasilia einen Friedensvertrag, der sicherlich mit dazu beitrug, dass die Grenzregion aufblühen konnte.

Meeresfrüchte an der Plaza

An der Plaza de Armas von Tumbes steht die Kathedrale San Nicolás de Tolentino mit einem aus Holz geschnitzten Hauptaltar und schönen Glasmalereien. Ebenfalls am Hauptplatz befindet sich das Alte Rathaus, in dem die städtische Bibliothek untergebracht ist. An dem kolonialen Haus, das aus Guayaquil-Rohr gebaut ist, fällt das typische Aussichtstürmchen auf.

An der Plaza de Armas gibt es mehrere gute und preiswerte Restaurants, in denen man Gerichte mit Krabben, Langusten und anderen Meeresfrüchten probieren kann.

Die wenigsten Reisenden, die nach Tumbes kommen, werden sich hier länger als notwendig aufhalten wollen. Doch vor der nervenaufreibenden Grenzabfertigung am folgenden Tag ist eine geruhsame Übernachtung recht sinnvoll. Denn nach der kurzen Durchquerung einer interessanten Kakteenlandschaft erwartet den Reisenden eine der in Südamerika üblichen, langwierigen Grenzabfertigungen.

Nur wenige, extrem widerstandsfähige Pflanzen wie dieser Kaktus in der Wüste finden in dieser lebensfeindlichen Umgebung genügend Wasser (unten). Kirche in Tumbes (oben).

Die Küstenklippen bei Paracas sind ein Vogelparadies (rechts). Der berühmte »El Candelabro« an der Südspitze der Paracas-Halbinsel (oben). Eine alte indigene Küstenbewohnerin in traditioneller Tracht (Mitte). Weinanbau bei Ica und Pisco (unten).

Die Südküste

Lange Treppen verbinden die verschiedenen Ebenen der Anlage (oben). Tonskulptur der Paracas (unten). Das »Haus der auserwählten Frauen« (rechts unten), Gedenkstein für Max Uhle (rechts oben).

18 Pachacámac – das Zentrum des Orakelgottes

Die Schöpfung der Erde

Perus Südküste wird vom Zusammenspiel kilometerlanger Küstenwüsten im Regenschatten der Anden und dem ungezähmten Ansturm des Pazifiks geprägt. Zugleich verhindert der kalte Humboldtstrom die Bildung von Regenwolken, beschert aber dem Meer einen Artenreichtum, der seinesgleichen sucht. Hier gibt es felsige Klippen und einsame Buchten, aber auch »Oasen der Hoffnung«.

Ausgerechnet in einer der wasserreichsten Regionen an der sonst sehr trockenen Küste liegt die wichtigste Kultstätte aus der Zeit vor den Inka: Pachacámac (*pacha* = Erde; *camay* = Schöpfung). Die fast 80 Meter hohe Pyramide des Orakelgottes erhebt sich am rechten Ufer des Río Lurin.
Einer Legende nach gab es für den ersten Mann und die erste Frau keine Nahrung. Der Mann verhungerte, und seine Frau verfluchte den Schöpfergott Pachacámac (Pachakamaq). Als der Sonnengott Inti die Frau schwängerte, tötete der eifersüchtige Pachacámac ihren Sohn. Er zerstückelte ihn, und aus den Teilen wuchs die erste Nahrung: Aus den Zähnen entstand der Mais, aus den Knochen die Yucca und andere Früchte.

Hauptstadt und Kultstätte

Pachacámac entstand im 9. Jahrhundert als Hauptstadt des kleinen Küstenreiches Cuismanco und entwickelte sich bald zum bedeutenden Zeremonialzentrum. Als um 1470 die Inka unter Inca Pachacútec (zuvor Cusi Yupanqui genannt, 1438–1471) die Tempelanlage eroberten, gestatteten sie die Ausübung des Kultes. Pilger opferten hier dem Orakelgott Pachacámac goldene und silberne Objekte, Tongefäße und Webstoffe. Die Spanier jedoch töteten unter Hernando Pizarro 1533 die Tempelpriester und raubten das Gold und Silber. Dann eroberte die Wüste die Stadt und begrub sie unter sich.

Tempel aus der Inkazeit

1896, um die Zeit, als Heinrich Schliemann (1822–1890) Homers Troja ausgrub, entdeckte Max Uhle (1856–1944) die sandverwehte Tempelstadt. Der fünfstufige gewaltige Templo del Sol (Sonnentempel) besteht aus einer terrassierten Folge von fünf Plattformen aus roten Ziegeln. Der leuchtend rot bemalte Tempel muss weithin sichtbar gewesen

sein. Von der obersten Plattform aus überblickt man die Ruinenstadt zwischen Luren-Oase und Meer. Das typischste Gebäude von Pachacámac ist die Große Pyramide, ein Tempel aus neun Terrassen, auf deren roten Mauern Fresken mit Tier- und Pflanzenmotiven in Grün, Blau und Rosa leuchten.
Bei einem Parkplatz steht ein Denkmal des peruanischen Archäologen Julio C. Tello. Von hier führt eine Treppe hinunter zum restaurierten Acllahuasi, früher »Mondtempel« genannt. Später hielt man es für ein »Haus der erwählten Frauen«. In dem Gebäudekomplex aus der Inkazeit vermuteten die Spanier Goldschätze und die Sonnenjungfrauen, die dem Inkaherrscher dienten – daher auch der Name Casa de las Mamaconas. Wahrscheinlich aber handelte es sich nur um das städtische Wasserwerk. Sogar Hernando Pizarro (1475–1578) musste 1533 vor diesem Frauenhaus kapitulieren: »Aquí no entra nadie!« (»Hier kommt keiner rein!«), konstatierte er.

Der wertvollste Fund von Pachacámac ist ein holzgeschnitztes Heiligtum, das Tempelschänder aus der Verankerung rissen. Es befindet sich im Museum rechts vom Eingang zu den Ruinen. Die Vertiefungen der zwei Meter hohen Säule des Gottes Pachacámac sollen mit Gold und Silber ausgelegt gewesen sein. Dem Auge des Besuchers verborgen bleibt das Messwerk des Sonnen-Observatoriums neben dem Alten Tempel. Die Anordnung seiner Mauern und die Positionierung der Pfosten eröffnen die Möglichkeit, genau den Sonnenuntergang bei der sommerlichen Wende (hier: 20.–23. Dezember) und den Aufgang bei der Wintersonnenwende, dem Inti Raymi (20.–23. Juni), zu bestimmen. Die Existenz dieser Beobachtungsstation verweist auf den wissenschaftlich-pragmatischen Charakter des Tempelkults. Noch unter den Inka wurde das Orakel von Pachacámac befragt. Doch die Götter halfen auch damals schon nur denjenigen, die sich selbst zu helfen wussten.

VILLA EL SALVADOR

Unweit der Ruinen von Pachacámac liegt – versteckt hinter Sanddünen – ein Ort, der im Mai 1971 von Menschen besetzt wurde, die nach einem verheerenden Erdbeben aus der Bergregion um Huaraz hierher geflohen waren. Nach gewaltsamen Auseinandersetzungen zwischen den Besetzern und der Polizei akzeptierte die Stadtverwaltung Limas die Landbesetzungen – es entstand die Villa El Salvador. Durch geschickte Bewässerung haben die Bewohner die Sandwüste in Ackerland und Viehweiden verwandelt.
Seit 1983 ist Villa El Salvador offizieller Bezirk von Lima, seit 2006 Partnerstadt der deutschen Stadt Tübingen. Der Ort wurde für den Friedensnobelpreis vorgeschlagen, mit dem spanischen »Prinz-von-Asturien-Preis« für die ehrenamtliche Selbstverwaltung geehrt und 1987 von den Vereinten Nationen als »Botschafterin des Friedens« (»Mensajera de La Paz«) ausgezeichnet. Trotz enormer sozialer und wirtschaftlicher Probleme ist Villa El Salvador eine Oase der Hoffnung inmitten der Wüste geworden.

WEITERE INFORMATIONEN

www.pachacamac.net

Haus an der Plaza de Armas (oben). Zwei alte Bewohner von Pisco (unten).

19 Pisco – ein Opfer der Erdbeben

Idyll mit Holzhäuschen

Wer nach Pisco fährt, denkt unweigerlich an das peruanische Nationalgetränk Pisco sour. Und tatsächlich hat dieser wohlschmeckende Drink seinen Namen von dieser Stadt, obwohl die Basis, der Traubenschnaps Pisco, meist aus der Gegend um Ica stammt und nur über Pisco verschifft wird.

Der Stadtname Pisco stammt vom Quechua-Wort *pisscu*, »Vöglein«, und bezieht sich auf die zahlreichen Kondore, die einmal in der Region beheimatet waren. Das 1640 von den Spaniern gegründete Pisco war eine beschauliche Stadt mit einem alten kolonialen Viertel. Doch das Erdbeben vom 15. August 2007 erschütterte die ganze Region und führte zu schweren Verwüstungen. Nur das Reiterstandbild von General José de San Martin (1778 bis 1850) unter dem Blätterdach eines gewaltigen Baumes an der Plaza de Armas blieb wie ein Wunder verschont. Allerdings stürzte an der Plaza das Dach der Kirche San Clemente (18. Jh.) ein und erschlug mehrere Gläubige.

Anbau von Wein und Baumwolle

Bereits im 16. Jahrhundert erkannten die Spanier, dass die Flussoasen der Küstenwüste ideale Voraussetzungen für den Weinanbau boten. Bis ins 17. Jahrhundert florierte der Weinbau, doch dann verbot Spanien zum Schutz der eigenen Weinwirtschaft den Export der Konkurrenzprodukte aus Peru. Daraufhin brannten die Winzer aus ihren Trauben einen Schnaps, der sich innerhalb von 100 Jahren zu einem wichtigen Exportschlager nach Europa entwickelte: Pisco. Ein zweites wichtiges Produkt ist die Baumwolle, die bereits zu präkolumbischen Zeiten in dieser Region wuchs. Im 19. Jahrhundert begannen die Großgrundbesitzer, die Anbauflächen durch den Einsatz moderner Technologie auszuweiten. 1908 gelang Fermín Tangúis (1851–1932) die Zucht einer hochwertigen Baumwollsorte, die gegen die gefürchtete Wilt-Krankheit resistent war. Noch heute macht diese Sorte 95 Prozent der im Departement Ica angepflanzten Baumwolle aus.

Eine Kuriosität bietet der Friedhof von Pisco: Hier fand Sarah Helen Roberts, die eine Geliebte des Grafen Dracula gewesen sein soll, die letzte Ruhe. Sie starb 1913 in Großbritannien, und der Witwer reiste mit ihrem toten Körper um die halbe Welt, bis er in Pisco endlich eine Gemeinde fand, die die Beisetzung gestattete.

20 Tambo Colorado – Außenposten der Inka

Opferaltar und »Bad des Inka«

Die Straße führt mitten durch ein Ruinenfeld, das seinen Namen den Resten der teilweise noch erhaltenen roten, gelben und weißen Farbe verdankt, mit denen die Inkaanlage Tambo Colorado bemalt war. Der Name setzt sich aus *tambo* (Rastplatz) und *colorado* (rot) zusammen.

Mit seinen diagonal gesetzten Lehmziegeln und der karminroten, gelben und weißen Bemalung der Putzflächen, wovon nur noch Spuren erhalten sind, gehört Tambo Colorado zu den originellsten Monumenten Altperus. Der von den Inka »Puka Tampu« genannte Komplex wurde vermutlich Ende des 15. Jahrhunderts über einer bereits vorhandenen Festung der Chincha gebaut, denn der Talabschnitt war spätestens seit 300 v. Chr. bewohnt. Trapeznischen und -türen deuten auf die Zeit unter Inca Pachacútec (reg. 1438–1471) hin, das Heiligtum rechts von der Straße auf die Vor-Inkazeit.

Wie auch immer – Tambo Colorado ist das beste Beispiel der Inka-Architektur an der peruanischen Küste. Die Archäologen sind sich aber noch uneins, ob es sich um die Reste eines Sonnentempels oder um eine ehemalige Militärbasis handelt. Andere Wissenschaftler sprechen von einer Festung. Das Ganze könnte auch eine Stadtanlage mit Raststätte *(tambo)* und Lagerhäusern gewesen sein.

Rundgang durch die Anlage

Um einen großen, trapezförmigen Platz gruppierten sich Truppenquartiere und Lagerräume. Eine niedrige Plattform erhebt sich im westlichen Teil des Platzes. Vermutlich handelt es sich um den »Shnu«, einen Opferaltar.

Von den Gebäudegruppen wird eine als Palast, eine andere als Bad des Inka mit Tauchbecken, Einstiegstreppe und Wasserzulauf bezeichnet. Mehrere kleine Höfe belüften den ehemals überdachten Teil der zwei Hektar großen Anlage. Es ist unbekannt, ob die bogenförmigen Mauernischen als Vorratskammern dienten oder ob sie zur Aufstellung von Idolen gedacht waren.

Ein Fußweg führt an einem Berghang entlang zu einem alten Inkafriedhof. Hier wurden durch einen Bergrutsch viele Gräber freigelegt. Überall sieht man Skelette, die mit Stoffen umhüllt sind, Totenköpfe mit Haarresten, Tonscherben und unzählige Knochen.

Im Archäologischen Museum von Lima kann das vollständige Modell von Tambo Colorado besichtigt werden.

Zum »Bad des Inka« (oben) gelangt man auf einem Fußmarsch (unten).

Im Laufe der Jahrmillionen wurde der Meeresboden angehoben und bricht hier schroff zum Pazifischen Ozean hinab (oben). Bootsfahrt vor der Isla Ballestas (unten). Pinguine und Seelöwen sind die Attraktionen des Nationalparks (rechte Seite unten und oben).

21 Paracas & Ballestas – »Galápagos des kleinen Mannes«

Naturschutzgebiet in Wüstenlandschaft

Eine mehrspurige Autobahn führt von Lima zu den Stränden des Südens und zur Halbinsel Paracas, die seit 1975 mit der tierreichen Isla Ballestas ein Naturschutzgebiet bildet und sich zum beliebten Naherholungsort für die Großstädter aus Lima entwickelte. Die Fahrt hierher vermittelt neben den Küstenklippen auch einen Eindruck von der herben Schönheit der Wüstenlandschaft.

Nicht einmal die Kartografen kannten den Namen »Paracas«, der in der Quechua-Sprache nichts anderes als »Sturmwind« bedeutet und sich von den starken Küstenwinden herleitet, die besonders im August wehen. Und erst als man 1925 den »Menschen von Santo Domingo« (benannt nach dem Fundort an der Küste nördlich der Halbinsel) ausgrub, wurde klar, dass man auf eine 9000 Jahre alte Kultur gestoßen war. Es dauerte bis 1955, bevor Paracas als archäologisches Reservat erfasst und systematisch untersucht wurde.

Bucht der Unabhängigkeit

Kurz vor dem Eingang ins Schutzgebiet auf der Paracas-Halbinsel passiert man den 1970 gebauten Obelisken, der an die Landung des Generals José de San Martin am 8. September 1820 erinnert. Diesem Ereignis verdankt die Bucht auch den Ehrennamen »Bahía de la Independencia« (»Bucht der Unabhängigkeit«).

Das Museo de Sitio Julio C. Tello zeigt ausgewählte Fundstücke, darunter einen Cavernas-Manto aus bemalter Baumwolle, der die Lokalgottheit Ser Oculado (»Augenwesen«) mit Obsidianmesser und Kopftrophäe darstellt. Diese Gottheit war eine mit dem Meer assoziierte mythologische Gestalt der Frühphase von Paracas (700–500 v. Chr.). Sie verwandelte sich in der Nazca-Zeit (200 bis 100 v. Chr.) zum Katzendämon.

Mit Zeugnissen der Paracas-Kultur ausgestattet ist das Museo Regional Maria Reiche in Ica. Ein der Bioanthropologie gewidmeter Saal zeigt Schädeltransformationen, Trepanationstechniken und Krankheitsdiagnosen, die an Mumien vorgenommenen worden sind.

Gräberfeld von Paracas

Zwischen zwei Buchten an der Südküste liegt eine Sandwüste, über die der Wind braust. Die heute verlassene Halbinsel Paracas war einst dicht bewohnt. Sie

Flug- und Kletterkünstler: Tölpel an den Klippen (oben und unten). Vom Boot aus kann man die zahlreichen Meeresvögel und Robben am besten bewundern (rechts unten). Die Umgebung bietet auch zahlreiche Früchte- und Gemüsesorten (Mitte).

gab der gesamten Region wegen der hier gemachten reichen Funde auch der alten Indianerkultur den Namen.
Eine auffällige Landmarke in dieser sonst so trostlosen Wüste ist Cerro Colorado, eine rötlich schimmernde Erhebung aus Rosengranit. 1925–1927 entdeckten der peruanische Archäologe Julio C. Tello (1880–1974) und sein amerikanischer Kollege Samuel Lothrup in den sandigen Abhängen dieses Berges drei Gräberfelder: Cabeza Larga, Cavernas und Necropolis. Cavernas erbrachte das älteste Material (600–400 v. Chr.), Necropolis und Cabeza Larga dagegen beginnen im 6. Jahrhundert v. Chr.
Die unterirdischen Grabkammern enthielten 429 gut erhaltene Mumien, die in kunstvoll gewebte Totentücher gehüllt waren. Sand und extreme Trockenheit haben die Stoffe konserviert, sodass die Farben der Stickereien erhalten sind. Die Pracht der Totentücher, der sorgfältige Farbtonwechsel und die fein gearbeiteten Muster beweisen, dass die Paracas begabte Künstler waren. Außerdem wurden aufgemeißelte und mit Goldplatten verschlossene Schädel gefunden. Die Paracas-Chirurgen waren offenbar in der Lage, Eingriffe am Gehirn durchzuführen und den Schädel mit Goldplättchen zu versiegeln. Vermutlich kannten sie sichere Betäubungsverfahren – niemand hätte eine solche Operation sonst überstanden. Diese »Trepanationen« dienten wohl dazu, »böse Geister«, die Krankheiten verursachen, zu entfernen.

Paracas-Nekropolen

Julio C. Tello stellte bei seinen Ausgrabungen auf der Paracas-Halbinsel zwei unterschiedliche Bestattungsmethoden fest: Da sind zunächst die in einen Fels gehauenen, riesigen Massengrabkammern, die unzählige Tote aufnehmen konnten und die über einen tiefen Schacht zugänglich waren. Diese Bestattungsart wird als Paracas-Cavernas bezeichnet. Bei all diesen Toten wurde am Schädel eine Trepanation festgestellt. Unweit dieser Massengräber fand man eine regelrechte Totenstadt, die Paracas-Nekropolis, in der die Verstorbenen in großen Körben in Gräbern beigesetzt wurden. Auf diese Weise wurden ranghohe Personen bestattet.
1962 fanden Archäologen in einem Bezirk von Cabeza Larga in der über 5000 Jahre alten Nekropole noch Gräber, die bis zu 60 Mumien enthielten. Im gleichen Jahr entdeckte man im gleichen Tal einen riesigen Komplex aus Adobe-Plattformen, Wohnanlagen, Werkstätten, Depots und Gräbern. Die Stätte, »Ánimas Altas« (»Noble Seelen«) genannt, gilt heute als Kulturzentrum von Paracas. In einer Ecke des Areals liegt eine Adobe-Terrasse, deren U-förmige, erst 1982 freigelegte Fassade mit Ritzzeichnungen von elf mythologischen Wesen geschmückt ist – es sind die einzigen bekannten Beispiele von Paracas-Cavernas in der Architektur. Die Gravuren müssen in den noch feuchten Ton eingetragen worden sein, was dem Künstler rasche Arbeit abforderte.

Idylle pur: Isla Ballestas

Vor der Halbinsel liegt der Ballestas-Archipel, ein wenig spöttisch auch als »Galápagos des kleinen Mannes« bezeichnet, denn die Artenvielfalt auf den Eilanden ist beachtlich. Hier leben

z. B. Seelöwen, Seehunde und Pelzrobben sowie Seevögel, etwa Humboldt-Pinguine, Pelikane, Kormorane, Tölpel, Inkaseeschwalben und Möwen. Jeder Zentimeter ist mit Guano, dem mineralreichen Vogelkot, bedeckt, der noch heute abgebaut und als Dünger verkauft wird. Aber große wirtschaftliche Bedeutung hat der Guano-Abbau im Gegensatz zum 19. Jahrhundert nicht mehr. Das Betreten der Inseln ist nicht erlaubt, aber auch vom Boot aus hat man herrliche Aussicht. Ab und zu begleiten Delfine die Ausflugsboote.
Die Fahrt über das Meer führt zunächst an Puerto San Martín vorbei. Dann kommt an der Südspitze der Paracas-Halbinsel der riesige »El Candelabro« (»Der Kandelaber«) in Sicht: ein in den Wüstensand geritzter Dreizack mit Seitensprossen und einer Art Blütendolde an jeder Spitze. Seit ewigen Zeiten dient er Seefahrern als Orientierungspunkt. Das Bild gibt den Forschern heute noch Rätsel auf. Bis weit ins 20. Jahrhundert hinein stand es im Mittelpunkt religiöser Verehrung – die Kirche sah in der Figur drei Kreuze und sorgte dafür, dass alljährlich am 3. Mai, dem Fest des Kreuzes, die Bevölkerung von Pisco und Paracas das Bild durch Säubern und Ausschachten vor der Versandung bewahrte. Maria Reiche (1903–1998), bekannt durch ihre Deutungen der Nazca-Linien, hat allerdings eine profane Erklärung dafür, warum der Sandhügel trotz der häufigen Sandstürme und ständigen Pazifikwinde nicht längst zugeweht wurde: Die am Boden entstehende Warmluft entweicht nach oben und zieht die angewehten Sandteilchen mit sich – die Wüste reinigt sich quasi selbst. Sehenswert ist zudem La Catedral, eine riesige Höhle in den Felsklippen am Ende eines Strandes. Sie nahm allerdings beim Erdbeben von 2007 großen Schaden. Vom Aussichtspunkt Punta Arquillo aus sieht man auf eine Robbenkolonie.

PISCO SOUR

Das Nationalgetränk Perus ist ein Traubenschnaps, der vermutlich von einem Barmann in Lima kreiert wurde. Er wird gerne zur Begrüßung gereicht oder als Aperitif getrunken. Pisco Sour wird aus drei Teilen Pisco, je einem Teil frischem Limettensaft, Jarabe de Goma (Zuckermelasse) bzw. zwei Teelöffeln Zucker und 14 zerstoßenen Eiswürfeln sowie einem Eiweiß gemixt und ins Glas abgeseiht. Er kann mit einem Spritzer Angostura oder dem peruanischen Bitter Amargo Chuncho verfeinert werden.
Den Pisco gibt es in vielen Varianten. Mosto Verde ist ein Pisco, der aus halb fermentierten Trauben destilliert und leicht gekühlt gereicht wird. Acholado ist ein Pisco mit starkem Aroma, der aus unterschiedlichen Traubensorten wie Italia-Traube und Quebranta-Traube gebrannt wird. Ein weiterer Pisco wurde nach dem berüchtigten Don Francisco de Carvajal benannt. Und Aromatizado ist ein Pisco, der zusammen mit Früchten destilliert wird.

WEITERE INFORMATIONEN ZUM PISCO

Hacienda Tacama Bodega: Camino a La Tinguiña s/n Ica, Tel. 034-228 und 395, www.tacama.com

Eindrucksvoll ist die südperuanische Küstenlandschaft mit ihren Klippen und Buchten.

22 Incahuasi – Garnisonsstadt der Inka

Das Acllahuasi im Inka-Kontrollpunkt Incahuasi (oben). Blick auf den Río Cañete (unten).

Kontrollpunkt und Thron der Inka

Von San Vicente de Cañete landeinwärts erhebt sich auf 3700 Metern Höhe die Ruinenstadt Incahuasi (auch Inka Huasi) mit Straßen und Plätzen, Adobe- und Steinkonstruktionen. Über ein Drittel der etwa 800 architektonischen Sehenswürdigkeiten waren Vorratslager.

Von Incahuasi (Haus des Inka) bei Lunahuaná aus starteten die Inka ihre Angriffe auf die Huarco im unteren Teil des Tals. Nach ihrem Sieg über die Huarco gaben die Inka die eilig erbaute Anlage jedoch zugunsten eines neuen Verwaltungszentrums im unteren Tal wieder auf.

Die Schutzmauern stehen nicht in unmittelbarer Nähe der Anlage, sondern etwas weiter entfernt. Die eine riegelt einige Hundert Meter südlich der großen Vorratslager ein Tal ab, eine andere liegt sechs Kilometer flussabwärts beim Kontrollposten Escalón.

Der Complejo Arqueológico Incahuasi wird von einer 150 Meter langen trapezförmigen Plattform auf einem Plateau über der Ostseite beherrscht. Eine Straße führt mitten hindurch. An dieser Straße befinden sich mehrere Sektoren mit Gebäuden für die Justiz sowie für das Militär, ein Gefängnis und eine zentrale Plaza . Das »Haus der Auserwählten Frauen« war das farbenprächtigste, unterteilt in Werkstätten und Zeremonialplatz. Zudem gab es eine Ushnu-Plattform, also eine Stelle, die als Thron des Inka diente.

Besonders wegen der überregionalberühmten Küche lohnt ein Ausflug nach Lunahuaná. Zu den Spezialitäten des Ortes gehören die traditionelle Cachina aus frischen, leicht fermentierten Trauben, Wein und Pisco.

Ruinen von Ñaupahuasi

Fährt man auf der befestigten Straße gut 130 Kilometer weiter, gelangt man in eine der reizendsten Gegenden des Departements Lima. Zwischen den Orten Vitis und Vilcá bildet der Río Cañete viele Wasserfälle, Becken und kleine Seen.

Der Provinzhauptort auf 2871 Metern Höhe ist Yauyos. Hoch darüber befinden sich die Terrassen und Ruinen von Ñaupahuasi. Auf dem Bergrücken, von dem man einen fantastischen Ausblick auf das Tal des Río Cañete, Wildbäche, Yauyos und die imposanten Bergriesen der Anden hat, liegen Gebäudereste, Kammersysteme und Plätze der Ruinenstadt.

23 Ica – Weinanbau und Winzerfeste

Weinanbau, Baumwoll- und Spargelfelder

Zahlreiche herausragende Sehenswürdigkeiten wie die höchsten Dünen Südamerikas bei Ica und natürlich die geheimnisvollen Wüstenzeichen von Nazca bieten neben der herben Schönheit der Wüstenlandschaft genügend Argumente für eine Fahrt entlang der Südküste.

Weite Spargelanbaugebiete, von der Wüstensonne verwöhnte Baumwollfelder, dazu große Brennereien für den Traubenschnaps Pisco: Das ist Ica, Perus Hauptanbaugebiet für Wein und afrikanische Dattelpalmen.

In der Stadt wurde José de la Torre Ugarte (1786–1831) geboren, der Verfasser der peruanischen Nationalhymne. Er arbeitete als Amtsrichter, bevor er sich der Befreiungsarmee von General San Martín anschloss. Nach Perus Unabhängigkeit ging er in die Politik, wurde zum Tode verurteilt, aber dann begnadigt. Er kehrte schließlich zurück, wurde wieder Richter und starb in Trujillo.

Auf der Plaza de Armas in Ica mit Brunnen und Unabhängigkeitsdenkmal kann man sich unter Schatten spendenden Bäumen entspannen.

Das Museo Regional Maria Reiche präsentiert eine erstklassige Sammlung von präkolumbischer Keramik und Artefakten der Paracas, Nazcas und Chinchas. Sehenswert ist die bedeutende Sammlung an »Quipus« (Knotenschnüren) aus der Inkazeit. Das Museo Regional de Ica zeigt zahlreiche Schätze der Paracas- und anderer Kulturen.

In Ica befinden sich heute die wichtigsten Brennereien für den Traubenschnaps Pisco. Die Reben (Muskateller) wurden einst von den Spaniern eingeführt, die großen Weinanbauplantagen befinden sich bei Pisco. In Ica findet alljährlich im März ein großes Weinfest mit Tanz- und Gesangsdarbietungen statt.

Ausflug zur Oase Huacachina

Wie in einem Märchen aus Tausendundeiner Nacht liegt unweit von Ica inmitten hoher Sanddünen die Oase Huacachina mit einer kleinen Lagune. Hier wachsen Dattelpalmen, Eukalyptus-, Tamarinden- und Johannisbrotbäume. Der Name der Oase leitet sich von *huaca* (heiliger Ort) und *china* (Frau) ab. Nach einer Legende verwandelten die Inkagötter die Tränen einer Frau, die ihren verstorbenen Geliebten beweinte, in diese Lagune. Tatsächlich steht die Lagune mit einem unterirdischen Fluss in Verbindung, der von den Anden herunterfließt und dabei Mineralien wie Eisen, Jod und Schwefel mittransportiert, die das Wasser grün bis rötlich färben. Dem schwefelhaltigen Wasser werden Heilkräfte nachgesagt.

Sanddünen (oben) und Lagune der Oase Huacachina (unten).

24 Nazca – Rätsel in der Wüste

Landebahnen für Außerirdische? Astronomischer Kalender?

Eines der größten ungelösten Rätsel der Menschheit befindet sich an der peruanischen Südküste, an der es praktisch nie regnet: die geheimnisvollen Nazca-Linien. Sie erstrecken sich über ein Wüstenplateau und stellen 70 Menschenfiguren und stilisierte Tiere sowie 10 000 Linien dar. Am besten sieht man sie vom Kleinflugzeug aus.

Als der US-Wissenschaftler Paul Kosok 1939 ein bisher unerforschtes Gebiet in niedriger Höhe überflog, um die Bewässerungssysteme alter Kulturen zu studieren, sah er unter sich auf dem Wüstenplateau bei Nazca ein seltsames Durcheinander von Linien. Es waren »Scharrbilder«, Tierdarstellungen und geometrische Muster von riesigen Ausmaßen, etwa 20 Zentimeter tief und einen Meter breit, in die dunkle Erde eingescharrt und nur aus der Höhe zu erkennen. Da war eine ganze Menagerie: Pelikan, Eidechse, Papagei, Mörderwal, Kondor, Spinne, Fisch, Kolibri, Hund, Guano-Vogel, Baum, Hände, ein »Hutmensch« und ein harpunierter Wal. Einige Wissenschaftler hielten die Scharrbilder für »Marskanäle«, Erich von Däniken (1935 geboren) interpretierte sie als prähistorische Landeplätze für Außerirdische. Seine Theorie lockte viele Neugierige nach Nazca und brachte dem Hobbyforscher neben der Ehrenbürgerwürde der Stadt viel Geld ein, aber das Rätsel der Linien konnte er mit seinen abenteuerlichen Vermutungen nicht lösen.

Spuren im Sand

Eher wahrscheinlich ist es, dass es sich bei den Linien um einen astronomischen Kalender handelt. Diese Theorie entwickelte die deutsche Mathematikerin Maria Reiche (1903–1998). Sie erforschte über 50 Jahre lang die geheimnisvollen 2000 Jahre alten Linien. Noch in ihrem letzten Werk *Contribuciones a la Geometria y Astronomia en el Antiguo Perù* von 1993 versuchte Reiche, ihre Theorie vom größten Bauernkalender aller Zeiten zu erhärten. Die 300 v. Chr. bis 700 n. Chr. entstandenen Bodenzeichnungen repräsentieren demnach Sternbilder und erlaubten die Bestimmung von Sonnenwenden und anderen für den Ackerbau wichtigen Daten. Einige Linien verlaufen tatsächlich so, dass sie auf die Punkte des Sonnenuntergangs zur Sonnenwende vergangener Jahrhunderte hinweisen. Ähnliches beobachtete man bei Linien, die auf den Mond ausgerichtet sind.
Bei den Tierzeichen handelt es sich möglicherweise um Darstellungen von Sternbildern. So könnte beispielsweise

Aquädukt zur Wasserversorgung (oben) und Nazca-Keramik (unten). Blick auf eines der Scharrbilder bei Nazca (unten). Die Panamericana bei Nazca (rechts oben).

der »Affe« der Große Bär sein und die »Spinne« der Orion. Die Bilder von bis zu 285 Metern Länge, die die Indianer vor über 2000 Jahren in die trockene Kruste der Wüste kratzten und heute zum UNESCO-Weltkulturerbe gehören, werden ihre letzten Geheimnisse vermutlich niemals preisgeben.

Cahuáchi

Wenige Kilometer nordwestlich von Nazca befindet sich Cahuáchi, Rest einer gewaltigen religiösen Stätte der Nazca. Vom Beginn unserer Zeitrechnung bis circa 500 n. Chr. diente es als Kultzentrum. Das Areal enthält sechs Stufenpyramiden, darunter die 30 Meter hohe Große Pyramide. Jetzt wurde eine neue Pyramide in der Größe von 91,50 mal 100 Metern entdeckt. Damit handelt es sich hier um eine der größten Zeremonialstätten aus der präkolumbischen Zeit.

Rätselhaft bleibt der Untergang des religiösen Zentrums. Die Forscher gehen davon aus, dass zwei Ereignisse zwischen 350 und 400 n. Chr. die Zerstörung von Cahuáchi verursachten: ein Erdbeben, gefolgt von einer gigantischen Überschwemmung (Tsunami). Daraufhin wurde das Pilgerzentrum vermutlich »versiegelt« – alle Tempelstrukturen bedeckte man mit einer dicken Tonschicht. Jedenfalls lassen verbrannte Holzsäulen auf einen dramatischen Abgang schließen. Archäologische Ausgrabungen am Templo del escalonado (Treppentempel) zeigen zudem, dass sich am Ende des 1. Jahrtausends n. Chr. eine weitere Überschwemmungskatastrophe ereignete, die noch um einiges schlimmer war als jene, die Cahuáchi Jahrhunderte früher getroffen hatte. Somit bleibt die Stätte der Schöpfer der Nazca-Linien vorerst noch im Dunkeln.

CÁPAC ÑAN – DIE KÖNIGSSTRASSE

Der Bau des über 20 000 Kilometer langen Straßensystems (Qhapaq Ñan, El Cápac Ñan) gilt als eine der großartigsten Leistungen der Inka. Die Steinwege verliefen von Quito in Ecuador über La Paz in Bolivien und Santiago in Chile bis Tucumán in Argentinien. Die am schnellsten passierbare Strecke war eine 4000 Kilometer lange Küstenstraße (Able Ñan), die nur geringe Höhenunterschiede zu überwinden hatte. Die 5200 Kilometer lange und durchschnittlich sechs Meter breite königliche Andenroute dagegen führte über 40 große und etwa 100 kleinere Hängebrücken. Tiefe Schluchten, reißende Flüsse und schneebedeckte Pässe mussten überwunden werden, wozu an einigen Stellen künstliche Erddämme angelegt oder sogar Treppen in den Fels gemeißelt wurden. Als besterhaltenes Teilstück der Cápac Ñan gilt die Strecke Conchucos–Jauja–Pachacámac. Und über den Fischpfad gelangte frischer Fisch innerhalb von zwei Tagen von Puerto Inca (südlich von Nazca) nach Cusco.

WEITERE INFORMATIONEN

El Cápac Ñan:
ww.historiacultural.com/2009/04/organizacion-vial-inca-los-caminos.html
www.mysteriyperu.com

Die Umgebung von Arequipa bietet fruchtbare Flussoasen (oben) und Landhäuser wie die Mansión del Fundador (unten). Die mächtige Kathedrale nimmt die gesamte Nordseite der Plaza de Armas von Arequipa ein. Die anderen Seiten des mit Palmen bestandenen Hauptplatzes werden von Gebäuden mit Arkaden gesäumt (rechte Seite).

25 Arequipa – die weiße Stadt

Schnee über der Flussoase

Nirgendwo sonst in Peru ist die Luft so klar, strahlt die Sonne so hell wie hier. Arequipa, eine fruchtbare Flussoase in wüstenhafter Umgebung, liegt zu Füßen des Vulkans Misti. Deshalb nannten die Indianer das Gebiet »Ort hinter dem spitzen Berg«. Die auch als »La Ciudad Bianca«, »Weiße Stadt«, bezeichnete Metropole gehört mit ihren Patrizierhäusern und Barockkirchen zu den schönsten des Landes.

Arequipa, die zweitgrößte Stadt Perus, ist fast ausnahmslos aus dem weißen, leichten und weichen Gestein erbaut, das der Vorgänger des heutigen Vulkans Misti herausschleuderte – daher auch der Beiname »Weiße Stadt«. Lange galten die Sillar-Mauern als erdbebenfest, doch auch sie bröckeln unter den bis zu 20 Erdstößen am Tag. Die Stadt in der Talmulde des Río Chili wird umrahmt von den Vulkankegeln Misti (5822 m), Chachani (6079 m) und Pichupichu (5669 m). Einer Legende nach gab der Inkageneral Mayta Cápac (ca. 1290–1320) der Stadt ihren Namen: Als einige Krieger baten, hierbleiben zu dürfen, soll er geantwortet haben: *»arti, quepay«* (»Ja, ihr dürft bleiben«). Pizarros Hauptmann Don Garcian Manuel de Carvajal war von der Inkasiedlung so begeistert, dass er die Stadt am 15. August 1540 neu gründete.

Rund um die Plaza de Armas

Die koloniale Altstadt mit ihren prächtigen Kirchen, Herrenhäusern und der Klosterstadt Santa Catalina ist überaus sehenswert. Das Herz der Stadt ist die Plaza de Armas, die an drei Seiten von zweistöckigen maurischen Arkaden gesäumt wird. Mittelpunkt ist der bronzene Brunnen mit drei Becken.
Die 100 Meter lange »Catedral«, 1621 im Renaissancestil erbaut, nimmt mit den beiden wuchtigen Türmen die gesamte Nordseite der Plaza ein und musste nach Zerstörung durch Feuer und Erdbeben im 19. Jahrhundert gleich zwei Mal wiederaufgebaut werden. Äußerlich zunächst enttäuschend, birgt sie im Inneren einen Hauptaltar aus Carrara-Marmor und eine geschnitzte französische Holzkanzel, die über einem Dämon thront, dessen Schwanz sich um den Stützpfeiler ringelt. Die gigantische Orgel stammt aus Belgien.
In der Nähe der Plaza de Armas befindet sich das Glanzstück der Architektur von Arequipa: die 1698 fertiggestellte Jesuitenkirche La Compañia mit einer reich verzierten Vorderfront im plateresken Stil. Wie nur wenige Monumente in

Die Plaza de Armas mit Blick auf die Jesuitenkirche La Compañia (oben). Freundliche Bewohnerin von Arequipa (Mitte). Im Innenhof von Kloster Santa Catalina (unten). Der Kreuzgang von Santa Catalina (rechts). Blick in den Canyon von Cotahuasi (rechts oben).

Lateinamerika verschmelzen hier indianische und europäische Elemente zu großartiger Schönheit. Die Stimmung im Innern wird durch die gelbliche Farbtönung geprägt, die durch das gefilterte Sonnenlicht entsteht, das durch die mit Alabaster verkleideten Dachluken eindringt. Im Presbyterium befindet sich der vergoldete Hauptaltar. Links vom Presbyterium betritt man die Capilla de San Ignacio Loyola, die ehemalige Sakristei mit wunderbaren Bildern der Cusqueñer Schule.

Kloster Santa Catalina

Die erstaunlichste Sehenswürdigkeit Arequipas ist der 1580 gegründete gewaltige Komplex von Santa Catalina. Kein Besucher des Klosters kann sich dem reizvollen Kontrast von weißem Tuffstein und leuchtendem Ocker, Braun und Blau der Gassen und Innenhöfe entziehen. Was hinter den hohen Mauern, wo 150 Nonnen und 400 Dienstmädchen lebten, geschah, blieb der Öffentlichkeit lange Zeit verborgen. Das Kloster, für das die reiche Witwe Maria de Guzmán das Grundstück kaufte, gehörte dem Dominikanerorden und nahm nur Novizinnen mit einer reichen Mitgift auf. Viele Anekdoten ranken sich um Santa Catalina, so die von der 16-jährigen Dominga, die in das Kloster eintrat, als ihr Verlobter sie sitzen ließ. Die junge Frau inszenierte zum Schein ihren Tod, um dem Kloster wieder zu entfliehen, indem sie eine tote Indio-Frau in ihr Bett legte und das Zimmer in Brand setzte. Wieder in Freiheit, schrieb sie an die Oberin und forderte ihre Mitgift zurück. Flora Tristán (1803–1844), eine Franco-Peruanerin, die 1833 nach Arequipa kam und in das Kloster floh, schrieb in ihrem Tagebuch *Meine Reise nach Peru. Fahrten einer Paria*: »Die Oberin war zu der Zeit 72 Jahre alt; sie war mehrmals ernannt und wieder abgesetzt worden, da sie wegen ihrer außerordentlichen Güte von den Priestern, die die Klosteraufsicht haben, immer wieder abgelehnt wurde; doch gerade wegen ihrer Güte wurde sie von den Nonnen, die bezüglich ihrer Oberin das Wahlrecht haben, stets von Neuem gewählt«.
1986 sprach Papst Johannes Paul II. bei seinem Peru-Besuch die umstrittene Priorin des Klosters Santa Catalina in Arequipa, Sor Ana de los Àngeles Monteagudo y León (1602–1686), selig. Sie hatte drei Gift-Mordanschläge überlebt.

Casonas

Beachtlich sind auch Arequipas Herrschaftshäuser aus dem 18. Jahrhundert. Gewöhnlich führt ein Vorraum in den Innenhof mit kleinen Säulengängen. Die Mauern aus Sillar sind sehr dick, müssen sie doch sowohl das Gewicht der gewölbten Dächer tragen, als auch den vielen Erdbeben standhalten. Die Fassaden sind mit kunstvollen Steinmetzarbeiten im Mestizenstil verziert. Schmiedeeiserne Gitter schmücken die Fenster; die Tore sind mit Bronze beschlagen und verfügen über originelle Türklopfer. Besichtigen sollte man wenigstens einige dieser Casonas. So die Casa Ugarteche (auch »Casa Ricketts« oder »Casa Tristán del Pozo«), die 1738 als Jesuitenseminar erbaut wurde und heute der Banco Continental gehört. Das herrschaftliche Haus entfaltete ursprünglich eine große Farbenpracht, doch die Farben sind heute leider verblasst.

Durch die Passage hinter der Kathedrale kommt man zur Casa Iriberry, Musterbeispiel für die einst üblichen Residenzen reicher Familien in Arequipa. In dem 1793 errichteten Gebäude sind das Kulturzentrum Chávez de la Rosa und Universitätsräume untergebracht.
Der neoklassische Palacio Casa Goyoneche (auch »Casa Quiroz«), Hauptsitz der Banco Central de Reserva, hat falsche dorische Pilaster und Blumenvasen sowie Gitterrechen vor den Fenstern.
Das älteste Eingangstor unter den vizeköniglichen Häusern der Stadt besitzt die Casa del Moral. Der Name leitet sich von der Frucht »Mora« eines alten Maulbeerbaumes ab, der bis heute im Innenhof steht. Das sorgfältig renovierte Haus ist heute ein Museum.
Die Casa Bustamente zeigt typische Eigenheiten der lokalen Architektur, so eine karge Dekoration der glatten, hohen Mauer. In den prestigeträchtigen Häusern war es üblich, unmittelbar vor dem Eingang zum Innenhof ein Gittertor zu installieren. Die Haupttür aus Holz konnte so während des Tages offen bleiben, und von der Straße her war die ganze Pracht des Innenhofes sichtbar.
Im Museo Santuarios Andinos de la Universidad Católica de Santa Maria ist die Mumie von »Juanita, la Dama de Ampato« zu bestaunen. Die Inkaprinzessin, die »Schöne vom Ampato«, fand man 1995 im Gletscher des Nevado Ampato.

Yanahuara

Nördlich der Puente Grau, der Brücke über den Río Chili, liegt der hübsche Vorort Yanahuara. An der Plaza Principal befindet sich der Mirador de Yanahuara mit einer Aussichtsterrasse und in Stein gemeißelten poetischen Phrasen. Der Blick von hier ist einer der schönsten Arequipas. Besuchenswert ist die Mansión del Fundador, das ehemalige Landhaus (1540) von Don Garcia Manuel de Carvajal, dem Stadtgründer Arequipas.

DIE TIEFSTE SCHLUCHT DER WELT

Der noch weitgehend unbekannte **Cañón de Cotahuasi** gilt als die tiefste Schlucht der Welt. Mit 3935 Metern ist er annähernd doppelt so tief wie der Grand Canyon in den USA. Der Name stammt aus der Quechua-Sprache – *cola* (Vereinigung) und *huasi* (Haus) – und bedeutet »vereinte Gemeinde«. Die Schlucht war zu Zeiten der Inka eine wichtige Verbindungsroute zwischen der Pazifikküste und Cusco. Fast überall im Umland stößt man auf Ruinen der Huari und auf Spuren der Konquistadoren. Jede Siedlung besitzt eine Kapelle und einen Glockenturm, manche auch eine Stierkampfarena. Ausflüge führen zu den Huari-Ruinen von Marpa und den Ruinen von Pampamarca, in Lucho sprudeln heiße Thermalquellen, und der Reiz von Sipia liegt im Wasserfall Catarata de Sipia. Der Ort Cotahuasi selbst ist ein verschlafenes Andennest auf 2650 Metern Höhe. In Lunahuaná kann man Rafting-Trips auf dem Río Cañete buchen.

WEITERE INFORMATIONEN

Cotahuasi Trek
E-Mail: info@cotahuasitrek.com,
Tel. (+51) 054-26-59-91 und
(+51) 054-95-98-65 211
www.arequipa.org

Der Rio de Colca schuf einen faszinierenden Canyon (oben). Frau mit Adler vor der Kirche in Yanque (unten).Auf der Fahrt zum Colca-Cañón bieten sich großartige Ausblicke auf die Berglandschaft (rechts unten). Blick vom schneebedeckten Cerani-Pass (5100m) auf den Colca-Cañón (rechts oben).

26 Colca-Cañon – die spektakulärste Schlucht Perus

Ein tiefer Graben und hohe Vulkangipfel

Die Terrassen im Colca-Tal gehören zu den schönsten im ganzen Andenraum. Ein Besuch in diesem Tal ist eine Reise in die Vergangenheit. Der Colca-Cañon, eine der tiefsten Schluchten der Welt, ist etwa 100 Kilometer lang und wird überragt von den Vulkanen Hualca Hualca, Sabancayo, Ampato und dem Mismi. Immer noch aktiv und gefährlich ist der schnee- und eisbedeckte Sabancayo.

Neben der bezaubernden Landschaft ziehen die majestätischen Kondore die Touristen ins Colca-Tal. Aus nächster Nähe kann man von den Aussichtspunkten (»Miradores«) am Rand des schwindelerregenden Colca-Cañons den größten Vögeln der Welt dabei zuschauen, wie sie ihre Kreise ziehen.

Bereits die Hinfahrt ist ein Erlebnis. Von Arequipa gelangt man nach anderthalb Stunden zunächst zur Pampa de Cañahuas, einer Hochebene auf rund 4000 Metern, auf der heute wieder zahlreiche Vicuñas leben.

Im Valle del Colca

Dann erreicht man die Provinzhauptstadt Chivay am Río Colca, Ausgangspunkt für den Besuch der Schlucht. Chivay selbst bietet kaum Sehenswürdigkeiten. Doch die Kirche La Asunción de Nuestra Señora hat an den Längsseiten des Schiffes zwei ungewöhnliche Außengalerien.

Eine Rundwanderung führt von Chivay nach Coporaque mit einer schönen alten Kirche. An den Aussichtspunkten Ocolle und Chininia hat man einen prächtigen Ausblick auf die amphitheaterartigen Terrassen von Yanque.

Die Iglesia de Santiago Apóstol in Coporaque ist die älteste Kirche des Colca-Tals. Das achteckige Presbyterium, das eindrucksvolle Hauptportal sowie Reste des ursprünglichen mehrfarbigen Altars sind einige der wenigen Werke aus dem 16. Jahrhundert, die in den peruanischen Anden erhalten sind.

Nächste Ortschaft ist Lari mit der Kirche La Purísma Concepción. Deren Vorderseite besteht aus zwei wuchtigen Glockentürmen, die das Portal umrahmen. Die ganze Fassade ist mit bemalten Steinmetzarbeiten verziert. Die beiden großen Leinwandgemälde – das eine mit dem Herrn der Erdbeben, das andere mit der Himmelfahrt der Jungfrau – gehören zu den besten der Region.

Hohe Kandelaber-Kakteen wachsen im trockeneren Teil des Tales (oben). Frau aus Chivay in typischer Tracht (Mitte). Kirche von Chivay (unten). Feldterrassen im Cañón del Colca (rechts unten). Kondor (rechts oben).

Eine der ältesten Kirchen im Colca-Tal ist auch Santiago de Madrigal im Dorf Madrigal. Die Dachkonstruktion besteht noch immer aus einem System von Sparren und Holzdübeln, obgleich sie heute mit einem Wellblechdach gedeckt ist. Das Prozessionskreuz im gotischen Stil folgt spanischen Beispielen aus der Mitte des 16. Jahrhunderts. Es stellt eine für Lateinamerika außergewöhnlich frühe kirchliche Reliquie dar.
Nächste Station ist Tapay mit der Santa María Magdalena. Im 19. Jahrhundert unterstanden ihr auch die Landkapellen von Malala Tocallo, Llatica und Tolta.

El Condor pasa – am »Kreuz der Kondore«

Mittlerweile verfügen die meisten Dörfer im Colca-Tal über eine gute touristische Infrastruktur. An der wenig befahrenen Straße von Chivay nach Cabanaconde kann man Wanderungen unternehmen und malerische Dörfer und präkolumbische Stätten besuchen. Es gibt im Tal über 170 Vogel- und über 20 Kakteenarten. An Geologie Interessierte finden in den Schluchten praktisch alle Gesteinsschichten vor, die es auf der Erde gibt.
Zunächst gelangt man nach Yanque, das wie Coporaque, Achoma und Chivay früher einmal Gonzalo Pizarro (1502–1548) gehörte, dem Bruder des Eroberers von Peru. Der Ort beherbergte den Konvent des Franziskanerordens. Deren schneeweiße Kirche La Inmaculada Concepción ist zweifellos ein Meisterwerk. Die fast schmucklosen beiden Türme stehen im eklatanten Spannungsverhältnis zu den üppigen Reliefs über dem Eingangstor. Im Innern sind die Stuckaltäre sehenswert. Die ursprünglichen Altäre und Statuen wurden 1802 durch einen Brand vernichtet.
Von Achoma aus überblickt man die Terrassen auf der gegenüberliegenden Talseite mit dem 5822 Meter hohen Vulkan Mismi im Hintergrund. Der Berg war ein zeremonielles Zentrum der Inka. Man fand dort ein goldenes Idol, das sich heute im Museo Nacional de Antropología in Lima befindet.
Ebenso wie der Ort selber hat auch die Kirche Santa Ana stark unter den Erdbeben der letzten Jahre gelitten. Ein Turm ist 1991eingestürzt. Bis die Reparaturen vollständig abgeschlossen sind, ist es kaum möglich, die kostbaren Barockaltäre, die »Virgen Dolorosa« (zweite Hälfte des 17. Jh.) sowie das Kruzifix und die »Unbefleckte Jungfrau« (frühes 17. Jh.) zu sehen. Über dem Eingang befindet sich ein Außenbalkon, von dem aus die Priester früher die Messe lasen und zur Gemeinde im Atrium predigten.
Hinter Maca, das 1991 durch eine Schlammlawine zerstört wurde, wird die Szenerie immer spektakulärer. Die Hänge des Cañons sind von 6000 Hektar Terrassenfeldern bedeckt. Sie breiten sich auf der gegenüberliegenden Talseite zwischen den Dörfern Lari und Madrigal aus. In den mit einfachem Grabstock und Holzhacke gezogenen Furchen werden Mais, Maniok, Bohnen und Kartoffeln angebaut. Zwischen Maca und Pinchollo steigt die Straße wieder auf 3600 Meter an.
Der Aussichtspunkt Mirador de Choquetico in der Nähe eines Tunnels bietet wieder überwältigende Sicht auf die Terrassen der anderen Talseite. Unterhalb der Begrenzungsmauer liegt ein behauener Stein, der möglicherweise die Terras-

sen nachbildet. Über Funktion und Alter streiten sich die Gelehrten.
Etwas weiter in Richtung Pinchollo erblickt man links von der Straße im Steilhang Reste von Felsgräbern: »Tumbas colgantes« (»Hängende Gräber«).
Pinchollo wird von einer stattlichen Kolonialkirche inmitten unansehnlicher Wellblechhütten beherrscht. Der Templo de San Sebastián präsentiert ein Eingangstor mit Rundbogen und einfachen Pilastern.
Der Höhepunkt des Colca-Cañon ist das Cruz de los Cóndores, von dem man 1200 Meter tief in die Schlucht hinunterblicken kann. Manchmal kann man hier gegen neun Uhr morgens auch die Kondore beobachten, die sich von thermischen Aufwinden in Höhen von bis zu 5000 Metern tragen lassen und von ihren Horsten in den Felswänden ihren Gleitflug an die über 100 Kilometer entfernte Küste beginnen. Nirgendwo sonst auf der Welt ist es möglich, diesen bis zu elf Kilogramm schweren Vogel mit einer Flügelspannweite von bis zu 3,25 Metern in freier Natur so zu erleben. Weniger besuchte Aussichtspunkte, an denen man den Kondorflug bewundern kann, sind der Mirador von Tapay oder der Mirador bei Cabanaconde.
Cabanaconde schließlich ist ein alter Ort mit einer Quechua sprechenden Bevölkerung. In der Umgebung befinden sich die weitläufigsten Maisfelder der Region – wie zu der Zeit, als die Cabañas noch die Gegend bewohnten. Die Kirche im Ort ist San Pedro Alcántara gewidmet. Obwohl beschädigt und verblasst, gehören ihre riesigen Leinwandgemälde zu den besten der Region.
Dank guter Infrastruktur ist Cabanaconde ein idealer Ort, um in den Ruinenfeldern aus der Zeit der Huari, Cabaña und Inka herumzustöbern, von Mirador zu Mirador entlang dem Schluchtenrand zu wandern oder die 1000 Meter zum Colca-Fluss hinunter zum Bungalow-Komplex Sangalle (auch »Oasis« genannt) zu steigen.

DER MYSTERIÖSE RIESENGEIER AUS DEN ANDEN

Der Kondor wurde schon während der Chavín-Kultur als heiliges Tier verehrt, bei den Inka galt er als Bote zwischen Himmel und Erde, zwischen Göttern und Menschen. Kreist ein Kondor über einem Dorf, bedeutet dies nach der Vorstellung vieler Indígenas, dass ein Würdenträger des Ortes sterben wird. Überfliegt er hingegen die Bauern bei ihrer Feldarbeit, gilt dies als ein gutes Zeichen.
Unter europäischem Einfluss entwickelten sich zwei Feste, bei denen Kondore im Mittelpunkt des Geschehens stehen. Beim Arranque del Cóndor wird der spanische Ursprung deutlich – ein Kondor wird als Symbol indianischer Kultur zu Tode geprügelt. Und während des Yawar-Festes demonstrieren die Indígenas ihre Überlegenheit gegenüber den spanischen Eroberern dadurch, dass sie einen Kondor mit auf den Rücken eines Stieres binden. In der Vergangenheit war dies oft ein Kampf auf Leben und Tod, heute wird er vorher beendet. Der Kondor als Symbol der siegreichen Indígenas wird später wieder freigelassen.

WEITERE INFORMATIONEN ZUM COLCA-CAÑON

Llama Andean Adventures: www.colca.de

In der Pampa de Majes (oben) befindet sich das Petroglyphenfeld von Toro Muerto (unten).

27 Toro Muerto – das steinerne Bilderbuch

Sillar im »Tal der Vulkane«

Hinter Camaná, heute ein ruhiger Badeort mit akzeptablen Stränden, befand sich in der Kolonialzeit ein wichtiger Verladeplatz für Güter nach Arequipa und zu den Silberminen nach Potosi im heutigen Bolivien. Hier verlässt die Panamericana die Küste und steigt in Serpentinen hinauf in eine baum- und strauchlose Wüstenebene.

Eine selten besuchte Attraktion bietet die dünn besiedelte Region der Pampa de Majes. Überall sieht man am Hang des Río Majes Cañon bei Corire rötliche Blöcke aus Bimsstein, dessen löchrige Form von den heißen Gasen herrührt, die aus der Lava entwichen sind. Daneben liegt schaumig aussehendes, festeres weißes Gestein, entstanden aus der Flüssigkeit, die vor zwei Millionen Jahren, von glühenden Gasen getrieben, in den Vulkanen hochquoll und dann außen am Berg hinablief – mit bis zu 100 Stundenkilometern. Die Einheimischen nennen dieses Tuffgestein »Sillar«. Es findet sich häufig hier im »Tal der Vulkane« mit seinen 86 Gipfeln.

Felszeichnungen in der Pampa

Der Besuch gilt einem Petroglyphenfeld, das als komplexeste Ansammlung von Felsbildern der Welt gilt. Die ritz- und schabgezeichneten Steinzeichnungen von Toro Muerto wurden von dem Geschichtsprofessor Eloy Linares Málaga (1926–2011) aus Arequipa entdeckt und 1954 von Hans Dietrich Disselhoff (1899–1975), dem ehemaligen Direktor des Berliner Museums für Völkerkunde, näher beschrieben. Die ältesten Zeichnungen rechnen die Wissenschaftler den Huari (Wari) zu. Den größten Teil jedoch sollen Künstler der Chuquibambas geschaffen haben, einem Volk, das von den Inka unterworfen wurde.

Dargestellt sind Füchse im Zweikampf, säugende Lamas, rennende Menschen und – besonders eindrucksvoll – stilisierte elegante Tänzer. Angesichts der für Felszeichnungen ungewöhnlichen Anzahl szenischer Darstellungen nannte Disselhoff die von 60 000 Piktogrammen belebte weiße Pampa von Toro Muerto »ein steinernes Bilderbuch«. Je höher man kommt, desto unversehrter werden die Zeichnungen.

Zickzacklinien scheinen Blitze, Regen, Mäander oder Bewässerungsfurchen darzustellen – Symbole des ungestillten Durstes eines Wüstenvolkes.

28 Tacna – die heroische Stadt

Grenzstadt nach Chile

Tacna ist die letzte Stadt vor der peruanisch-chilenischen Grenze, die rund 36 Kilometer weiter südlich liegt. Die Region, von den Aymara aus dem Hochland besiedelt, wurde von den Inka erobert – daher das Quechua-Wort »Tacna«, was so viel bedeutet wie »Ich herrsche an diesem Ort«.

Der Stadt wurde 1828 vom Präsidenten José La Mar (1778–1830) der Titel »Ciudad Heróica« (»Heroische Stadt«) verliehen. An der Plaza de Armas hat man 1959 für die Helden des Salpeterkrieges gegen Chile den 18 Meter hohen Arco Parabólico errichtet. Der Bogen, der die Flugbahn eines Geschosses darstellt, ist das Werk deutscher Ingenieure. Statuen von Miguel Grau und Francisco Bolognesi stehen links und rechts an der Basis des Bogens.
Auf dem ehemaligen Schlachtfeld – acht Kilometer nordöstlich der Stadt – wurden die Gedenkstätte und das Kriegsmuseum Sitio Alto de La Alianza gebaut. Die weißen Türme mit acht Stahlfiguren aus dem Jahr 1988 erinnern an die blutige Schlacht vom 26. Mai 1880, in der über 2000 Soldaten ihr Leben verloren. Erst 1929 endete nach einer Volksabstimmung die chilenische Herrschaft.
Die meisten Touristen erleben Tacna nur auf der Durchreise, doch ein Spaziergang durch die Innenstadt lohnt durchaus. An der Plaza de Armas erheben sich die Kathedrale von 1954 im Stil der Neorenaissance sowie ein sechs Meter hoher Zierbrunnen namens Pila Ornamental aus dem Jahr 1869.
Tacna hat ein sonniges, trockenes Klima mit Sommertemperaturen (Januar bis März) von 16 bis 28 Grad. Von Juni bis August lässt der Küstennebel die Temperaturen jedoch auf bis zu 9 Grad sinken und verursacht gelegentlich Nieselregen. Dann ist die Gelegenheit für einen Ausflug nach Chile günstig.

Abstecher zum Lauca-Nationalpark in Chile

Von der Grenze sind es nur 20 Kilometer nach Arica in Chile, Ausgangspunkt für Ausflüge in den Parque Nacional Lauca. Auf den saftigen *bofedales* (Feuchtwiesen) der Lagunas Cotacotani grasen Lamas, Alpakas, Guanacos und Vicuñas. Der blaue Lago Chungará auf 4500 Metern Höhe ist einer der höchsten Seen der Erde. Hinter ihm erheben sich die Vulkane Parinacota (6132 m) und Pomerape (6222 m). Die Flamingos im Wasser vor den schneebedeckten Bergriesen sind ein herrlicher Anblick.

Der schöne Cerro Parinacota im Parque Nacional Lauca (oben). Arco Parabólico an der Plaza de Armas von Tacna (unten).

Die Gebirgsregion der Cordillera Blanca wird wegen ihrer landschaftlichen Schönheit auch »Peruanische Schweiz« genannt (rechts). Camping an der Laguna Jahuacocha, Cordillera Huayhuash (oben). Ein Bewohner der Berge (Mitte). Im Nationalpark Huascarán (unten).

Peruanische Schweiz

Von steilen Bergen ist das Mosna-Tal umgebnen (rechts unten). Auf dem Gelände der Ausgrabungsstätte Chavín de Huántar (rechts oben). Ein Steinkopf im unterirdischen Gang von Chavín de Huántar (unten). Ein peruanischer Cowboy (oben).

29 Chavín de Huántar – Stadt der steinernen Götter

Zum Tempel des Jaguars

Am Schnittpunkt der verschiedenen geografischen Regionen Perus, an der Haupt-Andenstraße, die auf einem Gebirgskamm in 3177 Metern Höhe verläuft, liegt das große Castillo von Chavín, bestehend aus zwei Terrassen. Es diente möglicherweise zugleich als Festung, Heiligtum, Lagerhaus und Orientierungspunkt. Im unteren Teil sind an der Außenwand echte Trophäenköpfe in den Stein eingelassen.

Müdigkeit befällt den Reisenden, der auf eine Höhe zwischen 3500 und 4800 Meter gelangt – daher die Bezeichnung »Puna« (»Schlaf«) für diese Zone. Die Anreise nach Chavín de Huántar durch die Puna-Landschaft des oberen Santa-Tales führt von Catac allmählich abwärts. Die sich auftürmende Bergflanke wirkt dunkelgrau inmitten des gelben Teppichs aus Hartgräsern am steinigen Boden. Die Halme sind rund 30 Zentimeter lang und stehen in Büscheln zusammen, Nadelkissen gleich.

Die Puna

Von Pachacoto aus folgt die Piste dem Río Santa bis zur Laguna Conococha auf über 4000 Metern Höhe. Beim Ort, der fast nur aus Verpflegungs- und Marktständen besteht, gabelt sich die Asphaltstraße: Die eine Route führt geradeaus zur Panamericana hinunter; die andere biegt links Richtung Chiquián ab, wobei die letzten paar Kilometer vor der Ortschaft nicht mehr geteert sind.

Der steile Abstieg auf holpriger Piste ins Mosna-Tal, entlang schwindelerregender Abgründe hinter dem Cahuish-Pass von rund 4178 Metern Höhe ist furchterregend. An den Biegungen warten bettelnde Kinder. Sie klettern quer über die Geröllmassen hinab und stehen bereits lachend an der nächsten Kurve, bevor wir dort ankommen. Im Licht der Nachmittagssonne zeigt sich in einem grünen Tal am Rand schroffer Bergklippen endlich das Dorf Machac.

Die Straße verläuft am linken Flussufer entlang durch fruchtbare Terrassen mit Eukalyptusbäumen. Wie Scherenschnitte zeichnen sich am Abendhimmel die bizarren Konturen des Bergpanoramas ab. An den Berghängen liegen die Gehöfte der Indígenas versteckt. Die geheimnisvolle Ruinenstadt bereitet ihren beeindruckenden Empfang vor.

Kruzifix im Nationalpark Huascaran (oben). Frau in der Gegend von Chavín (Mitte). Von den Zapfenköpfen an der Außenmauer von Chavin de Huantar ist nur noch ein einziger übrig (unten). Blick auf Dörfer und Felder bei Chavin de Huántar (rechts). Kennzeichen der Recuay-Kultur sind lebensgroße Steinreliefs (rechts oben).

Der Neue Tempel – El Castillo

Die Besichtigung beginnt man am Museum, das Steinfragmente und Werkzeuge zeigt. In der Nähe des Flusses liegt die Plaza Quadrangular, ein niedrig gelegter Hof mit monumentalen Freitreppen, flankiert von zwei Rundbauten. Sechs von diesen Treppen führen zu den beiden Plattformen hoch, die den Hauptplatz flankieren. Den eigentlichen Zugang zum Tempel bildet die von zwei zylindrischen Stützpfeilern getragene Portada de las Falcónidas (Falkenportal). Der dreistöckige Neue Tempel (auch »Große Pyramide« oder »Hauptpyramide«) dahinter, fälschlicherweise »El Castillo« (»Die Festung«) genannt, ist ein quadratisches, fensterloses Steingebäude, das unter dem vergrasten Erddach mit dem »Alten Tempel« verwachsen zu sein scheint. Die leicht geneigten Seitenwände des Granitbauwerks dienten vermutlich als Erdbebenschutz.

System unterirdischer Gänge

Der linke Eingang führt in ein labyrinthartiges Netz aus Gängen und Kammern, das unter dem »Castillo« verläuft. Ventilationsschächte sorgen für Frischluftzufuhr. Auf dem Flachrelief der zwei Meter hohen Raimondi-Stele ist eine Gestalt mit einer Raubtiermaske, Krallenhänden und einer Art Zepter zu sehen. Sie wurde nach dem italienischen Forscher Antonio Raimondi (1826–1890) benannt, der sie 1873 als Erster beschrieb. Entdeckt wurde sie 1840 von einem Campesino, der das Kunstwerk nach Hause mitnahm und als Tisch verwendete. Das Original befindet sich im Museo Nacional de Arqueologia, Antropologia e Historia in Lima.

Besonders eindrucksvoll ist die Galería de doble Ménsula (Doppelkonsolen-Galerie) mit paarweise übereinandergelagerten, bis zu drei Tonnen schweren Kragsteinen.

Dem Neuen Tempel gegenüber liegt eine weiträumige Platzanlage, die einen versenkten Zeremonialplatz (auch »Plaza hundida« oder »Große Plaza«) und zwei Plattformen umfasst. Auf dem großen Platz, der über ein ausgeklügeltes Kanalsystem zur Entwässerung verfügt, versammelten sich einst während religiöser Feste Tausende von Pilgern. Früher stand hier ein 2,50 Meter hoher Obelisk, der nach seinem Entdecker Julio César Tello Rojas (1880–1947) »Tello-Obelisk« benannt wurde. Die Stele mit einem Jaguarkopf und zwei Kaimanen kann heute ebenfalls im Museo Nacional de Arqueologia, Antropologia e Historia in Lima bewundert werden.

Zwischen dem Templo Nuevo und dem versenkten Zeremonialplatz befindet sich in der südwestlichen Ecke der nach den Plejaden (Siebengestirn) benannte Altar Choque Chinchay, ein zehn Tonnen schwerer Kalksteinblock mit sieben runden Vertiefungen.

Alter Tempel

Rechts neben dem Neuen Tempel steht hinter einem Rundhof der Alte Tempel (auch »Templo del Lanzón«), das größte Heiligtum von Chavín. Den Zugang bilden zwei Steintore mit einer männlichen und einer weiblichen Figur. Magischer Höhepunkt des 70 Meter langen Alten Tempels ist der Blick durch ein Schutzgitter in die kreuzförmige Krypta, wo der 4,53 Meter hohe »Lanzón« (»Gewaltige Lanze«) steht, ein Granitblock in

Form eines Dolches, dessen Spitze nach unten zeigt. Er ist fest in den Boden sowie die steinerne Decke des versenkten Haupthofes des Castillo eingerammt und zeigt ein mythologisches Raubtiergesicht mit Fangzähnen und Schlangen. Unterhalb der Plattformen befindet sich die Galería de las Ofrendas (Galerie der Gaben) aus einem langen Gang, an den zellenartige Räume grenzen. Im Hauptgang fand man den Schädel einer 30- bis 40-jährigen Frau. 40 Milchzähne waren kreisförmig darum herum angeordnet. Auf dem Boden lagen die Scherben von ungefähr 800 Keramikgefäßen, die offensichtlich mit Speisen und Getränken gefüllt waren, da man Kameliden-, Hirsch-, Fisch- und Meerschweinchenknochen sowie Muschelschalen und Fragmente von Spondylusmuscheln fand. Vermischt mit den Nahrungsabfällen zählten die Forscher 233 angebrannte menschliche Knochen. Insgesamt wurden mindestens 21 Kinder, Jugendliche und Erwachsene identifiziert.

Die Galería de los Laberintos ist ein weiteres verwinkeltes unterirdisches Gangsystem, in dem zahlreiche Steinköpfe zu sehen sind. Dass diese Kellerverliese frei von jedem Modergeruch blieben, verdanken sie einem genialen Belüftungssystem. Die heutige elektrische Beleuchtung zeigt die in den Ecken platzierten halb kubischen Steinhäupter, die an altmexikanische Schriftzeichen erinnern.

In die Rückwand des Haupttempels waren ursprünglich mehrere steinerne Köpfe (»Cabezas Clavas«) eingelassen. Sie besaßen hinten eine Verlängerung, die das Einschieben in die ausgesparten Mauerlöcher der Fassade erlaubte.

Heute ist nur noch ein einziger Zapfenkopf an der Außenmauer vorhanden, die restlichen befinden sich im kleinen Ortsmuseum.

In der Ruinenstadt ist es kaum vorstellbar, dass Chavín in seiner Blütezeit die gewaltige Kultstätte einer peruanischen Hochkultur war, die sich von Cajamarca bis nach Ica und Paracas erstreckte.

DIE GRÖSSTE ANANAS DER WELT

Im Hochland von Peru überwiegt die kleinwüchsige Flora. Viele Arten von Süß- und Horstgräsern (die Hauptnahrung der Lamas), Kräuter, Flechten und Moose haben sich an das Klima der Anden angepasst. Auch Polsterpflanzen wie Nelkengewächse und mehrere Polylepis-Arten (Rosengewächse) sind hier heimisch. Zudem wächst hier eine bis zu 100 Jahre alte und bis zu 12 Meter hohe blühende Pflanze: die *Puya raimondii*, die wie die Ananas zur Familie der Bromelien gehört. Alle drei bis vier Jahre beginnen Gruppen von Puyas gleichzeitig zu blühen – nur einmal in ihrem Leben, danach sterben sie ab. Wer Glück hat, sieht über 10 000 gelblich-grüne Blüten, die an einem sechs bis sieben Meter langen Schaft wachsen, der aus der Pflanze herausragt. Die Puya ist noch innerhalb des Parque Nacional Huascarán anzutreffen, doch inzwischen vom Aussterben bedroht. Ein paar Exemplare findet man im Gebiet um Ayacucho und in der Schwarzen Kordillere oberhalb von Caráz.

WEITERE INFORMATIONEN ZU CHAVÍN DE HUÁNTAR

www.arqueologiadel=peru.com.ar/charinz.htlm (spanisch),
www.perutoptours.com

Der Huascarán ist mit 6768 Metern nicht nur der höchste Berggipfel Perus, sondern auch der höchste Berg der Tropen weltweit (rechts). Die Puya Raimondi, die »größte Ananas der Welt« (oben). Trekking im Nationalpark (unten).

30 Nationalpark Huascarán – in der Peruanischen Schweiz

Ein »Naturerbe der Menschheit«

Die großartige Schnee- und Eiswelt der »Weißen Kordillere« ist im wahrsten Sinne des Wortes atemberaubend, denn exakt 6768 Meter über dem Meeresspiegel ist die Luft dünn. Glitzernde Berggipfel, türkisblaue Lagunen und eine grandiose Flora und Fauna machen die Region zu einem Bergsteiger- und Trekkingparadies. Der Parque Nacional Huascarán umfasst nahezu die gesamte Cordillera Blanca, also den mittleren Abschnitt der Andenkette in Peru.

Die »Weiße Kordillere«, das höchste Gebirge in tropischen Breiten, besteht aus 27 ungefähr 6000 Meter hohen schneebedeckten Gipfeln. »Suiza Peruana« (»Peruanische Schweiz«) wurde diese Region denn auch von Europäern wegen der traumhaften Berge getauft. Rund 120 Gletscherseen sind in die Gebirgslandschaft eingebettet. Sedimente, die sich im Jurazeitalter auf dem Meeresboden abgesetzt haben, sowie vulkanische Ablagerungen aus der Kreidezeit und dem Tertiär bilden das vorherrschende Grundgestein.
Die spitzen Zacken des höchsten Berges in Peru, des eisgepanzerten Nevado Huascarán (6655 und 6768 m), gehören selbst für Alpinisten zu den bergsteigerischen Herausforderungen. Der Nevado Alpamayo (5947 m) wurde 1966 beim »Schönheitswettbewerb der Berge« in München zum »Schönsten Berg der Welt« gekürt. Er offenbart sich als perfekte, fast ebenmäßige Eispyramide, die eingebettet ist in ein fantastisches Steinmeer aus Zinnen, Türmen, Graten und Felsnadeln. Zu erreichen ist der »Traumgipfel« von Caráz aus.

Traumlandschaften

Seit 1985 steht der Nationalpark Huascarán auf der Liste des »Naturerbes der Menschheit«. Damit ist eine Landschaft von 340 000 Hektar geschützt, zu der 663 Gletscher, 266 Bergseen und 41 Flüsse zählen, welche die Flüsse Santa, Marañón und Fortaleza speisen. Der Nationalpark ist ein wichtiges Quellgebiet, ohne das weder die Dörfer in den Tälern noch die Küstenoasen existieren könnten. Von Mai bis September beträgt die Durchschnittstemperatur ab 4000 Metern Höhe 5° C. Tagsüber sorgt die Sonne dafür, dass man die Kälte

Nachtlager in der Puna-Landschaft (oben) mit ihren widerstandsfähigen Gräsern und Kakteen (Mitte). Oft muss man in der Cordillera Blanca kleine Flüsse durchqueren (rechts). Majestätische Ruhe strahlen die beiden »Lagunas Llanganuco« aus, die auf einer Höhe von 3860 Metern im Nationalpark Huascarán liegen (unten).

nicht spürt; in der Nacht hingegen fällt das Thermometer auf den Gefrierpunkt. Von Oktober bis April herrscht Regenzeit, in der Trekking und Bergsteigen nur eingeschränkt möglich sind.
Das Kernstück der imposanten Bergkette der Cordillera Blanca und die Gegend um Perus höchsten Berg Huascarán wurde bereits 1975 auf einer Länge von rund 150 Kilometern – bei einer maximalen Breite von 30 Kilometern – als Nationalpark gegründet und 1977 von der UNESCO zum Kern des Biosphären-Reservats erklärt. Den Namen erhielt der Nationalpark vom Nevado Huascarán. Mit diesem Projekt erwarb sich Peru den Ruf als Vorreiter des Naturschutzes in Südamerika. Zum Schutz des Parks, der Flora und Fauna, der archäologischen Stätten sowie geologischer Schätze, die vor allem durch den Bergbau, aber auch durch andere kommerzielle Interessen bedroht waren, hat die Verwaltung das Schutzgebiet in verschiedene Zonen unterteilt. Für Touristen wurden Trekkingpfade, Unterkünfte sowie ein kleines Besucherzentrum eingerichtet. Die »Zonas de Recreación« (»Erholungszonen«) verfügen über eine gute Infrastruktur. Abgesehen von einzelnen Bauerngemeinschaften ist das Parkgelände unbesiedelt. Ein kleines Bergwerk, dessen Konzession noch aus der Zeit vor dem Nationalpark stammt, stellt für das Schutzgebiet keine Gefährdung dar.

Zwischen Perus höchsten Gipfeln

Nach Huaraz schlängelt sich die Straße im Tal des Río Fortaleza von Meeresniveau bis auf über 4000 Meter Höhe empor. Bei dem gleichnamigen Ort überquert man auf 4080 Metern den Conococha-Pass, die höchste Stelle auf dem Weg nach Huaraz. Von dort bietet sich ein großartiger Blick auf die majestätischen Gipfel der Cordillera Blanca.
37 Kilometer hinter dem Conococha-Pass führt in Pachacoto, einem kleinen Ort kurz vor Cátac, rechts eine kleine Abzweigung zum Nationalpark Huascarán (Sektor Carpa). Hier hat man die einmalige Gelegenheit, einige Exemplare der wohl seltsamsten und zugleich seltensten Pflanze der Welt zu sehen – *Puya raimondii*, die nur in Höhen um 4000 Meter vorkommt (siehe S. 93).
Auf einer eintägigen Trekkingtour gelangt man zu den türkisblauen Lagunas Llanganuco. Man fährt zunächst die Straße von Huaraz nach Norden bis zur Ortschaft Yúngay. Eine kurvenreiche Straße schraubt sich dann in ein schmales Tal auf 3860 Meter hinauf in die Berge. Nach dem Inkatrail zum Machu Picchu ist dies wahrscheinlich die beliebteste Trekkingtour in Peru. Die Lagunas Llanganuco sind ein herrliches Beispiel für diese grandiose, von der Eiszeit geprägte Hochgebirgslandschaft. Eingeschlossen in einem Gletschertal zwischen den Steilwänden des Huandoy (6360 m) und den beiden abgerundeten Kuppen des Huascarán (6655 m und 6768 m), liegen sie bereits innerhalb der Grenzen des Nationalparks Huascarán.
Der erste See, der nach der Kontrollstelle erreicht wird, heißt Laguna Chinancocha. In der Hütte hier ist eine Übernachtung möglich, allerdings wegen der Mückenplage nicht empfehlenswert.
Der zweite See, die Laguna Orconcocha, liegt 3860 Meter hoch und ist Ausgangspunkt für die Besteigung des Nevado Pisco (5752 m) sowie für das

Trekking hinauf zur Portachuela de Llanganuco in 4770 Metern. Von hier aus genießt man Ausblick auf die Schneegipfel Huandoy, Pisco und Chacraraju im Norden sowie den Yanapajcha im Osten, die Nordspitze des Huascarán und den Chopicalqui im Süden. Wer diesen Weg zu Fuß macht, muss mit etwa fünf Stunden ab der ersten Lagune rechnen, da mehr als 900 Höhenmeter zu bewältigen sind. Die herrliche Aussicht entschädigt aber für die Mühen.

Zum Ende des Tals

Die Hügel und Berge werfen im Nachmittagslicht endlos lange Schatten, die sich zu immer neuen grafischen Mustern verwandeln. Dann geht es wieder hinunter in den Callejón de Conchucos. Man kann weiter zur Laguna 69 wandern. Der Weg führt durch den gesamten Talboden, vorbei an Schutzhütten. Am Ende des Tals überquert man noch einmal den Fluss und sieht bereits einen Serpentinenweg an einem Wasserfall hinaufführen. Folgt man diesem Weg, erreicht man auf 4400 Metern einen Pass mit einem See, der zu einer Pause einlädt. Nun durchquert man das Hochtal zu Füßen des Cerro Chacraraju und geht die letzten Höhenmeter hinauf zur Lagune, die man nach etwa drei Stunden Fußmarsch schließlich auf einer Höhe von 4600 Metern erreicht. Das angrenzende Gletschereis leuchtet bläulich und scheint zum Greifen nahe. Bei gutem Wetter hat man auf dem etwa zwei Stunden dauernden Rückweg noch herrlichen Blick auf den Huascarán.
In Höhe der Ortschaft Yúngay endet das von Lawinen ausgewaschene Llanganuco-Tal, das weiter oben die typische U-Form einer von der Eiszeit gebildeten Talsenke aufweist. Senkrecht steigen die Felsen beidseits über 1000 Meter in die Höhe. Der Panoramablick mit den Felswänden und den Gipfeln des Huandoy im Norden und des Huascarán im Süden zählt zu den schönsten Erinnerungen an die Anden.

CHUÑO, QUINOA UND KIWICHA

Die Anden sind die Heimat der Kartoffel; die Indígenas haben aus den zahlreichen Wildformen über 700 verschiedene Sorten gezüchtet, von denen einige bis in Höhen von 5000 Metern gedeihen. Chuños-Kartoffeln werden bei Frost gefroren, in der Mittagshitze in der Sonne getrocknet und anschließend zu Pulver zerstampft – dies war die erste Nahrungsmittelkonservierung der Welt. Die alten, sehr produktiven Anbaumethoden der Inka sind lange Zeit in Vergessenheit geraten – ein Grund dafür, dass bis zum Ende der 1980er-Jahre verschiedene Nahrungsmittel wie Reis, Kartoffeln, Mais und Weizen importiert werden mussten. Inzwischen fördert man den Anbau alter indianischer Nutzpflanzen, weil sie den Bedingungen des Landes besser angepasst sind als importierte Arten. Die wiederentdeckte Getreideart Kiwicha etwa enthält viel Protein, Aminosäuren und Lecithin. Sie wurde sogar Teil der Kost amerikanischer Astronauten. Und aus dem Samen der Quinoa, die zur Familie der Gänsefußgewächse gehört, wird Backmehl gewonnen.

WEITERE INFORMATIONEN ZU HUARASCARÁN

www.sernanp.gob.pe

31 Huaraz – Käse und Süßigkeiten

Ausgangspunkt für Trekker und Bergsteiger

Die spitzen Zacken schwindelerregender Felswände der Cordillera Blanca gehören zu den bergsteigerischen Herausforderungen. Vor dieser gewaltigen Gebirgskulisse, aus der die vereisten Bergspitzen wie feines Porzellan in den tiefblauen Himmel ragen, liegt das Zentrum des Abenteuersports.

Blick auf Huaraz (oben). Frau mit Kind und typischer Kopfbekleidung in Huaraz (unten).

Vor nicht allzu langer Zeit war Huaraz ein kleines, isoliertes Andenstädtchen. Der Ort zu Füßen der schneebedeckten Sechstausender wurde beim schweren Erdbeben von 1970 weitgehend zerstört. Die Hälfte der Stadt mitsamt der Kathedrale fiel dem verheerenden Beben zum Opfer. Inzwischen ist die Stadt wegen ihrer zentralen Lage aber zum Ausgangspunkt für Unternehmungen in der »Peruanischen Schweiz« geworden. Mittlerweile gibt es an der belebten Hauptstraße zahlreiche Cafés, Bars, Restaurants und Läden für Trekkingausrüstung. Jeden Sonntag ab 11 Uhr werden Käse, Honig und Süßigkeiten sowie typische Regionalgerichte feilgeboten.

Architektonisch hat Huaraz wenig zu bieten. Wichtigste Kirche ist das Santuario del Señor de la Soledad. Die Feiern für den Stadtpatron finden am 3. Mai mit traditionellen Tänzen statt.

In den letzten Jahren hat man sich immer besser auf die steigenden Urlauberzahlen eingestellt; die Stadt verfügt heute über ein sehr gutes Angebot an Hotels, Restaurants und Tourveranstaltern mit Trekking, Rafting, Fahrradtouren und Deltafliegen im Programm. Und in Läden kann man Campingausrüstung mieten oder kaufen.

Thermalquellen von Monterrey

Wer allerdings von der Küste in den 3090 Meter hohen Andenort kommt, sollte es zunächst ruhig angehen lassen und sich ein paar Tage an die Höhe gewöhnen, bevor er zu längeren Touren aufbricht. Dafür bietet sich beispielsweise das Thermalbad von Monterrey an, das in sechs Kilometer Entfernung auf dem Weg nach Carhuaz liegt.

Die eindrucksvolle Berglandschaft macht das Defizit an Sehenswürdigkeiten in Huaraz mehr als wett. Von hier aus gibt es zahlreiche Ausflugsmöglichkeiten – zu Thermalquellen, Bergseen und archäologischen Stätten. Wenige Kilometer nördlich etwa liegt die kleine dreistöckige Ruine von Vilcahuaín (Haus des Enkels), die im Stil der Huari-Tiahuanaco-Kultur erbaut wurde. Für die Besichtigung benötigt man eine Taschenlampe.

32 Yúngay – das warme Tal

Kleine Dörfer vor gewaltiger Bergkulisse

Gewaltige Erdverwerfungen schufen in Jahrtausenden die Gebirgskette der Anden. Noch heute »kochen« dort Vulkane. Die Feuer speienden Riesen bilden zusammen mit den erloschenen Kegeln eine bis zu 7000 Meter hohe, landschaftlich äußerst abwechslungsreiche Gebirgsformation, die alle Klimazonen der Erde umfasst.

Vor der gewaltigen Gebirgskulisse der Bergriesen Huascarán, Hualcán und des Copa befindet sich Carhuaz, der zweitgrößte Ort im Santa-Tal auf einer Höhe von 2638 Metern. Zum Sonntagsmarkt strömen die Bäuerinnen und Bauern der Umgebung zusammen. Viele tragen Trachten. Hier wird mit der Hutfarbe der Familienstand angezeigt: Eine Frau mit einem schwarzen Band um den Filzhut ist Witwe, Rosa ist den ledigen Frauen vorbehalten, und Weiß tragen die verheirateten Frauen. Die Form der Hüte verändert sich von Dorf zu Dorf. Talabwärts liegen die Überreste des benachbarten Dorfes Ranrahirca, das durch das schreckliche Lawinenunglück von 1962 regelrecht fortgerissen wurde. Kaum war es wieder aufgebaut worden, wurde es durch das Erdbeben von 1970 erneut zerstört.

Yúngay viejo und Yúngay nuevo

Der Ortschaft Yúngay (*Yunkay*, »warmes Tal«), die zu Füßen des mächtigen Huascarán im Callejón de Huaylas liegt, erging es nicht viel besser. Am Nachmittag des 31. Mai 1970 führte ein Erdbeben der Stärke 7,8 auf der Richterskala dazu, dass etwa ein Drittel der Nordwestflanke des Huascaráns abrutschte. In Minutenschnelle wälzte sich eine gewaltige Schlamm-, Eis- und Geröllawine talwärts und begrub das alte Städtchen (Yúngay viejo) unter einer drei bis zehn Meter dicken Schicht. Neben dem Friedhof bleiben als stumme Zeugen dieser Tragödie nur vier Palmen und die Statue mit Christus dem Erlöser übrig. Nach dem Unglück wurde der gesamte Ort zu einem riesigen Friedhof (Campo Santo) erklärt.

Etwas oberhalb von Yúngay viejo entstand ein neuer Gletschersee, weiter nördlich errichtete man das neue Yúngay (Yúngay nuevo). Heute ist der Ort ein Marktplatz und Handelszentrum. Ringsum befinden sich große Pfirsichanbaugebiete. Zudem ist die Ortschaft durch ihre Lage in unmittelbarer Nähe zu Perus höchstem Berg, dem Nevado Huascarán, zum beliebten Ausgangspunkt für Trekkingtouren in die Cordillera Blanca geworden.

Die Christus-Statue von Alt-Yúngay blieb als stummes Zeugnis der Naturkatastrophe erhalten (oben). Replik der Kirche von Yúngay Viejo (unten).

Schmucker Brunnen auf dem Hauptplatz in Caráz (oben). Ein Käsestand auf dem beliebten Markt (unten).

33 Caráz – alte Ruinen und süßer Honig

Majestäten am Horizont

Die Cordillera Blanca ist die höchste Bergkette der peruanischen Anden. Ihre Krönung sind der 6768 Meter hohe Huascarán sowie viele weitere schneebedeckte Sechstausender-Gipfel. Dieses höchste tropische Gebirge der Erde ist das Ziel von Bergsteigern und Bergwanderern aus aller Welt. Gegenüber liegt die etwas niedrigere Cordillera Negra, auf der es keinen Schnee und nur spärliche Vegetation gibt.

Auch Caráz am Fuße des Nevado Huandoy wurde – wie Yúngay und Huaraz – durch das Erdbeben von 1970 schwer in Mitleidenschaft gezogen. Doch mittlerweile hat sich der Ort zu einem hübschen Plätzchen entwickelt, von dem man eine herrliche Aussicht auf die Berge genießt. Die Stadt ist bekannt für Honig, Milchprodukte (Cuarteado und Manjar blanco) und gewebte Wolldecken und Ponchos. Caráz ist ein idealer Ausgangspunkt für Wanderungen, sei es zu kristallklaren Bergseen, in die Cordillera Negra oder durch die Ouebrada de Santa Cruz nach Yúngay. Da der Ort auf rund 2290 Metern Höhe und damit ca. 800 Meter niedriger liegt als Huaraz, ist das Klima hier entsprechend milder.

Mit dem Fahrrad unterwegs

Ein körperlich nicht sehr anstrengendes Ausflugsziel sind die Mausoleen von Pueblo Viejo. Die über 30 Chullpas sind gut erhalten; manche besitzen unterirdische Galerien mit Seitenkammern, die von schweren, geschliffenen Steinplatten gedeckt sind.
Ein anderer Ausflug führt in zwei Stunden mit dem Bus in die Cordillera Negra zu den Puyas de Vinchus (Puya-Raimondii-Hain). Hier kann man die einmaligen Pflanzen (siehe S. 93) bestaunen und hat einen wunderbaren Blick sowohl auf die Cordillera Blanca als auch auf die Cordillera Negra. Wer es bequem mag, kann für die Rückfahrt wieder den Bus nehmen. Man kann aber auch talwärts wandern oder mit dem Mountainbike fahren. Fahrräder können vorher in Caráz gemietet und als Gepäck auf dem Dach des Busses mitgeführt werden.
Nördlich von Caráz liegen die Ruinen von Tunshucayco, eine Art Plattform, die noch aus der Huaraz-Kultur um 2000 v. Chr. stammen soll. Die Lage zwischen der Cordillera Blanca und der Cordillera Negra ist wirklich spektakulär.

34 Die Entenschlucht – im Tal zwischen den Kordilleren

Cañón del Pato

Eingebettet zwischen der kargen Gebirgskette der Cordillera Negra und den schneebedeckten Gipfeln der Cordillera Blanca liegt der Cañón del Pato, dessen gelegentlich verwendeter Name »Callejón de Huaylas« (»Gässchen von Huaylas«) eigentlich für den engsten Abschnitt des mittleren Santa-Tales geprägt wurde, inzwischen aber nur noch für den Bereich der Cordillera Blanca gilt.

Hinter Caráz wird es zunehmend heißer und trockener, weithin sieht man nichts als Kakteen und dorniges Gestrüpp. Im Callejón de Huaylas hat sich die traditionelle Lebensweise der Landbevölkerung seit Jahrhunderten kaum verändert. Noch immer beackern die Bauern den Boden gemeinschaftlich, noch immer wird der Fußpflug benutzt. In endlosen Kurven geht es vorbei an nackten Felswänden mit schwarzen Kohleausflüssen durch das Tal des Río Santa. Im nördlichen Teil rücken die Kordilleren immer enger zusammen, das Tal verengt sich zum 15 Kilometer langen und nur 15 Meter schmalen Cañón del Pato (»Entenschlucht«). Weiße und Schwarze Kordillere sind nur noch durch den Fluss getrennt, über dem sich ein faszinierendes Panorama auftut.

Die schmale, fast senkrecht in die Bergflanken geschlagene Trasse zwängt sich entlang steiler Felswände über dem tosenden Fluss und durch 39 Tunnel. Der Geländewagen fährt teilweise so dicht am Felsen entlang, dass man durchs offene Fenster die Böschung berühren kann.

Sobald die Sonne hinter den Bergen verschwindet, erglüht der zerrissene Kamm der Weißen Kordillere karminrot. Aus den tiefen Schluchten des entfernten Amazonasbeckens steigt Nebel auf.

Vom Hochland zur Panamericana

Am Ende der Schlucht liegt in einem Dreieckstal inmitten eines tropischen Gartens der Ort Huallanca. Von hier sind es noch acht Kilometer bis Yuramarca, wo man die Straße nach Tablones einschlägt. Bei Santa, nördlich von Chimbote, erreicht man die Panamericana. Fast übergangslos beginnt die Küstenwüste. Nach einer Brücke über den Río Santa geht es in ein Sandgebiet mit Wanderdünen. Nach diesen überwältigenden Naturerlebnissen steht Moche- und Chimú-Kultur auf dem Programm.

Unterwegs auf schmaler Piste (oben) hat man fantastische Blicke ins Santatal (unten).

Impressionen aus dem Hochland: die geheimnisvolle Inkastadt Machu Picchu (oben), Lama vor den Mauern der Inka-Festung Sacsayhuamán (Mitte) und Souvenirangebote in Cusco (unten). Über dem Río Urubamba erheben sich die Ruinen von Pisac (großes Bild).

Peruanisches Hochland

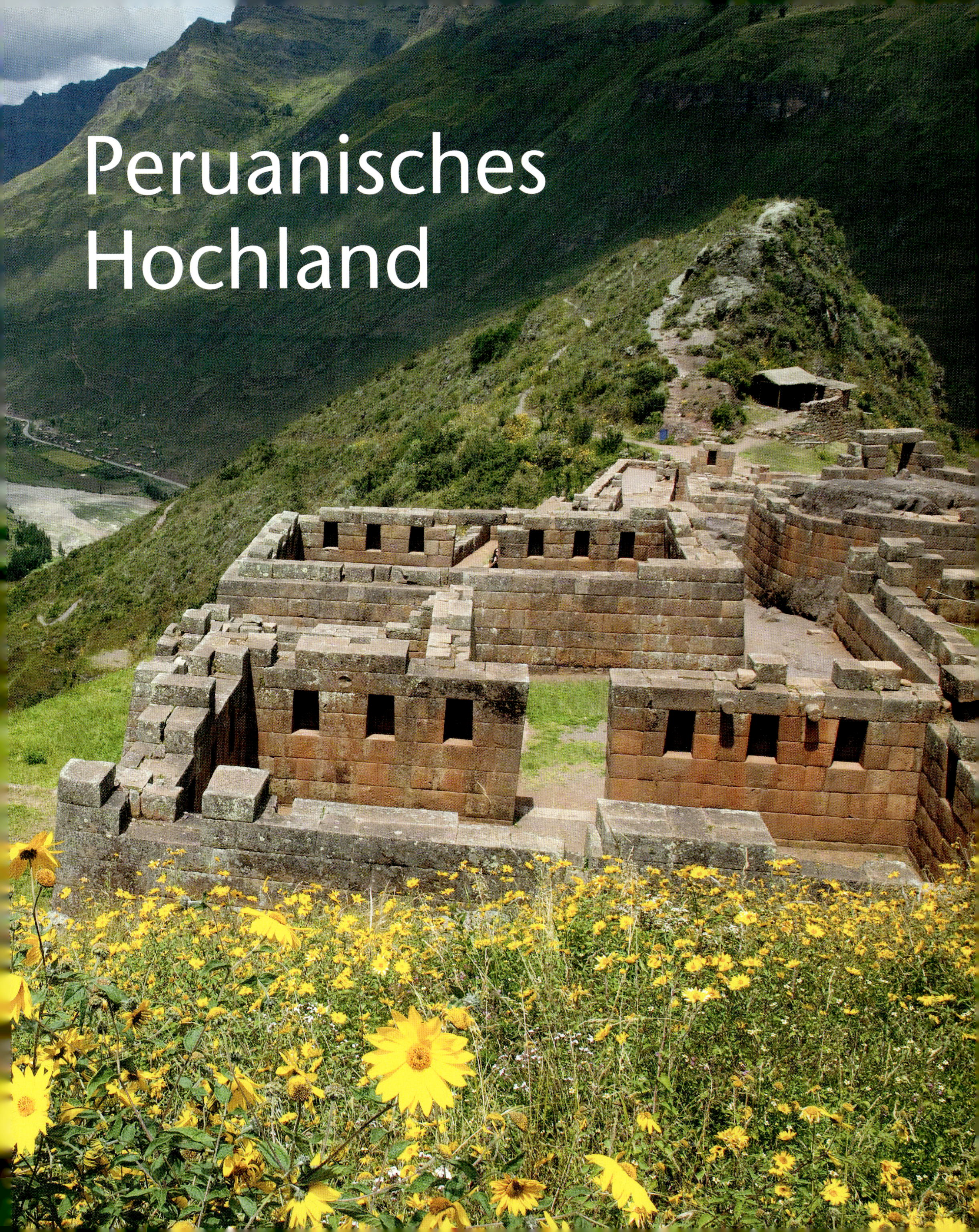

La Compañia, die Jesuitenkirche (oben), und Frau vor dem Hatunrumiyoc (unten). Von der Ruinenanlage Sacsayhuamán (rechts unten) aus bietet sich ein eindrucksvoller Blick auf die Innenstadt von Cusco (rechts oben).

35 Cusco – der Nabel der Welt

Rot gedeckte Dächer der alten Inkahauptstadt

Wie in der Alten Welt alle Wege nach Rom führten, so endeten sämtliche Straßen der Inka in Cusco, das sich stolz »Qosqo« (»Nabel der Welt«) nannte. Es ist eine der schönsten Städte Perus und ehemalige Hauptstadt des Inkareichs, das sich vom heutigen Kolumbien bis nach Argentinien erstreckte.

Wenn sich der Morgennebel auflöst und die Sonne höher steigt, heben sich die rechteckigen Formen der roten Dächer immer stärker von den umliegenden Bergen ab – in der dünnen Luft ist alles von leuchtender Klarheit. Sanfte gelbliche Lichter tauchen nachts hingegen die schönen Torbögen und eindrucksvollen Fassaden der Kathedrale und der Jesuitenkirche Compañía de Jesús in ein warmes Licht.

Zeugen prachtvoller Vergangenheit

In Cuscos Altstadt mit ihren Ziegeldächern und geschnitzten Balkonen scheint die Zeit stehen geblieben zu sein. Bei jedem Schritt über das Kopfsteinpflaster wartet man darauf, das Schnauben der Pferde der spanischen Eroberer zu hören, das Klappern der Hufeisen auf den Steinen, das Rasseln der Säbel, Lanzen und Kettenhemden. Viele dieser Gassen sind gesäumt von den fugenlosen alten Inkamauern, die die Grundlage bilden für koloniale und moderne Bauten. Damit künden sie noch heute von Siegern und Verlierern – oben zeigt sich die Bauweise der Spanier, unten die der unterlegenen Inka.

An der Plaza de Armas mit einem schönen Brunnen wird man daran erinnert, dass dies die Hinrichtungsstätte des letzten Inkakönigs Túpac Amarú I. (1545 bis 1572) war. Auch Túpac Amarú II. (1738–1781), der in Wirklichkeit José Gabriel Condorcanqui hieß und die große Revolte gegen die Spanier Ende des 18. Jahrhunderts anführte, starb auf der Plaza de Armas.

Unter den Arkaden am Rand des Platzes befinden sich zahlreiche Restaurants und Geschäfte. Unübersehbar erhebt sich die gewaltige Kathedrale mit ihren zwei über 30 Meter hohen Türmen an der Stelle, wo einst der Palast des Inca Viracocha (reg. 1410–1438) stand. Wenn man vor der Kathedrale steht, meint man in dieser Mächtigkeit etwas von einer Festung zu erkennen. Die beiden seitlichen Portale zeigen rustikales Dekor, ihre Giebel umrahmen die Wappen Spaniens. Im linken Turm schlägt die größte Glocke Südamerikas. Erst

Viele Gebäude in der kolonial geprägten Innenstadt von Cusco wurden auf massiven Steinfundamenten und Mauern aus der Inkazeit errichtet wie hier die Iglesia Santo Domingo (oben). Brunnen an der Plaza de Armas (Mitte). Plaza de Armas mit der barocken Iglesia Merced (unten).

abends, wenn das Bauwerk von Scheinwerfern angestrahlt wird und in sanftem Gelbschimmer leuchtet, verliert es ein wenig von seiner erdrückenden Wucht. Der beeindruckende Hauptaltar der Kathedrale wurde aus massivem Silber gefertigt. Er verdeckt die Sicht auf den ursprünglichen Altar aus geschnitztem Zedernholz mit Goldverkleidungen, der ganz nach hinten gerückt ist. Die mit vielen Edelsteinen verzierte große Monstranz ist nach einem Diebstahl in der Sakristei nicht mehr zu besichtigen. Im Seitenaltar gegenüber befindet sich das Gemälde der unverkennbar hochschwangeren Virgen de la Inmaculata Concepción (Jungfrau der Unbefleckten Empfängnis) – sichtbare Einflüsse der indianischen Vorstellungswelt.

Im Innern der Kathedrale entfaltet sich die ganze Pracht von rund 400 Gemälden der Escuela Cusqueña. Man sollte sich die Gemälde genauer ansehen, beispielsweise die Darstellung des Abendmahls, mit Christus und den Aposteln bei einer Meerschweinchen-Mahlzeit.

Rechts von der Kathedrale schließt sich die Iglesia del Triunfo an, die nach dem Sieg der Spanier über die Inka unter Manco Cápac II. (1516–1544) im Jahr 1536 benannt ist. Hier stand einst das Rundhaus Suntur Huasi, die wichtigste Waffenschmiede der Inka, und hier wird die Urne des Chronisten Garcilaso de la Vega (1539–1616) aufbewahrt, der als Sohn eines spanischen Hauptmannes und einer Nichte des Inkas Huayna Cápac in Cusco geboren wurde.

Schräg gegenüber der Kathedrale steht die Jesuitenkirche La Compañia. Sie wurde zwischen 1571 und 1668 auf den Grundmauern des Palastes »Amaru-Cancha« von Inca Huayna Cápac (1493 bis 1527) erbaut. Um die Fertigstellung tobte ein erbitterter Streit zwischen den Bauherren und anderen örtlichen Geistlichkeiten, die in diesem Bau eine unstatthafte Konkurrenz zur Kathedrale sahen. Die Kirche hat ein ähnliches Konzept wie die Kathedrale, ist jedoch schmaler in der Front, die Fassade übertrifft ihre Konkurrentin an Eleganz und Harmonie. Der reich geschnitzte und mit viel Gold überzogene Altar von La Compañia zeugt wie die gesamte Ausstattung von unermesslichem Reichtum. Ein Gemälde beim Eingang zeigt die Hochzeit des spanischen Edelmannes Don Martin de Loyola, Neffe des Ordensstifters, mit der Inkaprinzessin Doña Beatriz Sayre-Ñusta, einer Enkelin des Inca Huayna Cápac.

Kirchen und Künstlerviertel

Die Iglesia y Convento La Merced aus dem 16. Jahrhundert präsentiert einen reich verzierten vergoldeten Hauptaltar und ein barockes Chorgestühl aus Zedernholz. Die Monstranz im Kloster aus dem Jahr 1720 ist mit 1518 Diamanten, 615 Perlen und unzähligen Rubinen, Smaragden und anderen Edelsteinen verziert. Im Durchgang von der Kirche zum Kloster sind zwei eindrucksvolle Gemälde der Kolonialzeit zu besichtigen – rechts eine Darstellung der Spanier im Kampf mit den Araukaner-Indianern Chiles, links eine farbige Szene mit Darstellungen der ersten südamerikanischen Märtyrer des Ordens der Mercedarier.

Danach sollte man sich auf den Weg machen zur äußerlich unscheinbaren, 1562 gegründeten Iglesia de San Blas,

im Stadtviertel San Blas auf einem Hügel gelegen. Der steile Weg die Gassen hinauf führt durch das romantische Künstlerviertel mit kleinen Kunsthandwerksläden, stilvollen Galerien sowie Lokalen mit kolonialem Charme.
Die Kirche birgt im Innern eine der schönsten barocken Kanzeln der Anden, mit überreichem Schnitzwerk aus Zedernholz, geschaffen von dem indianischen Künstler Juan Tomás Tuyro Tupa. Zwar wurde die Kirche durch die Erdbeben von 1650 und 1950 schwer beschädigt, aber die schön geschnitzten churrigueresken Altäre und großen Gemälde der Escuela Cusqueña sind erhalten geblieben oder restauriert worden. An der Kanzel sieht man die Büsten von acht Ketzern, und darüber schweben sieben geisterhafte Gestalten, Masken wie aus einem griechischen Theater. Das Gesims der Kanzel ruht auf 18 barocken Säulen und wird von Engeln gestützt.

Verschmelzung zweier Kulturen

Schöne Beispiele des fugenlosen Zusammenfügens riesiger Steine, wie es nur die Inka beherrschten, findet man in der Calle Hatun Rumiyoc. Glanzstück ist der berühmte »Hatunrumiyoc« (»Großer Stein«) mit zwölf Ecken in der Mauer, ursprünglich am Palast des Inca Roca (reg. 1350–1380) angebracht. Auf ihn wurde später die prächtige Casa der Marquise Buenavista und Rocafuerte gesetzt, in der dann der Bischof von Cusco residierte (Palacio Archipiscopal). Heute ist hier das Museo Arte Religioso mit Gemälden, Skulpturen und Möbeln untergebracht.
Über dem größten Heiligtum der Inka, dem Sonnentempel Coricancha (Goldener Hof) wurde die Iglesia y Convento Santo Domingo erbaut, die allerdings durch das Erdbeben 1950 stark gelitten hat. In einer Gruft der Kirche wurde Túpac Amarú II. (1738–1781) beigesetzt. In die Seitenwand des Sonnen-

In der Calle Hatunrumiyoc ist der »zwölfeckige Stein« ein beliebtes Fotomotiv (rechts oben). Prachtvoll zeigt sich die Jesuitenkirche (unten). Weniger bekannt ist das Rathaus an der Plaza Regocio (rechts unten).

Innenhof des Hotels la Libertad (oben). Reich verziere Holzbalkone wie hier an der Plaza de Armas zeugen vom früheren Reichtum der Cuscos (Mitte). Touristen und Einheimische auf dem Markt (unten). Auf der Plaza de Armas wurde 1572 der letzte Inka-Herrscher Túpac Amaru hingerichtet (unten rechts). Ein Gemälde der Cusco-Schule (rechts oben).

tempels wurde der erwähnte zwölfkantige Stein Hatunrumiyoc mit dem Mauerwerk verbunden.
Hinter dem Vorhof von Coricancha gelangt man zum Sternentempel mit 25 Trapeznischen und zwei Meter hohen Steinportalen. Dahinter folgt der Eingang zum Sonnen- und Mondtempel. Nur drei Spanier haben diesen wohl berühmtesten Tempel Amerikas in seiner ganzen Pracht gesehen, und zwar ausgerechnet die rauesten und ungebildetsten aus Pizarros Räuberbande. Sie berichteten von einem goldenen, 190 Pfund schweren Altar und einem Becken, das mit 120 Pfund Gold ausgeschlagen war. Mit den Händen rissen die Spanier 700 goldene Tafeln von den Tempelwänden, um die Eintreibung des Lösegeldes für Atahualpa zu beschleunigen. Das heiligste Symbol der Inka jedoch, eine goldene Sonnenscheibe, nahmen sie nicht mit. Später war sie verschwunden und kein Spanier konnte mehr sehen, wie sie die Strahlen der Morgensonne auffing und in den gold glitzernden Tempel zurückwarf. Außerdem gab es eine silberne Mondscheibe, die wohl so angebracht war, dass sie das Mondlicht in einen silbernen Tempel warf. Der Tempel diente den Inka als astronomische Beobachtungsstation. Der Historiker Garcilaso de la Vega (1539 bis 1616) beschrieb den Sonnentempel folgendermaßen: »Das hoch aufragende Dach war aus Holz, mit Stroh bedeckt. Alle vier Wände waren von oben bis unten mit goldenen Platten verkleidet, und den Hochaltar krönte ein Abbild der Sonne. Dieses Abbild bestand aus einer Goldplatte, die doppelt so dick war wie die, die an den Wänden hingen. Es zeigte ein rundes Gesicht, von dem Strahlen und Flammen ausgingen, so wie spanische Maler die Sonne darstellen ... Oben an den Wänden zog sich außen ein goldenes Band von drei Fuß Breite um den ganzen Bau«.
Heute kann man im Innern der Opferhalle (»Sala del Sacrificio« oder »Masma«) Inkamauern besichtigen, darunter eine sechs Meter hohe, runde Mauer, die alle Erdbeben überstanden hat. In Fußbodenhöhe sind drei Löcher durch die Wände zwischen den Räumen gebohrt. Möglicherweise sollten sie das Blut geopferter Tiere oder Menschen und das *chicha*, ein leicht alkoholisches, nahrhaftes Getränk aus Maniok und Maisbrei, ableiten. Vieles ist noch unentdeckt; die Kirche verweigert als Besitzerin weitere Forschungen und Ausgrabungen, die möglicherweise noch viele Schätze hervorbringen könnten.
Aus dem Mauerwerk des »Acllahuasi« (»Haus der Sonnenjungfrauen«), in dem die Jungfrauen von »Mamacumas« (Priesterinnen) unterwiesen wurden, tritt die Iglesia y Convento Santa Catalina hervor mit einem kostbaren Hauptaltar (1657) und einer meisterhaften Kanzel.

Glanz und Prunk im alten Cusco

In Cusco sollte man es nicht versäumen, einfach durch die Straßen zu schlendern und die besondere Atmosphäre auf sich wirken zu lassen, die bereits die Menschen der zahllosen Völkerschaften tief beeindruckt haben muss, die dem Inkareich untertan waren. Aus den entlegensten Teilen des Inkareiches kamen Häuptlinge hierher, um Tribute abzuliefern und mit der hoch spezialisierten Beamtenschaft in Verbindung zu treten.

Sie bestaunten die geraden, von Tempelanlagen und Wohnpalästen gesäumten Straßen der Stadt, deren Mauern – aus präzise geschliffenen Steinblöcken gefügt – manchmal mehrere Hundert Meter lang waren. Sie sahen zu, wie die Töpfermeister riesige Vorratsurnen und Vasen formten und die Goldschmiede die großen Schmuckplatten der Tempelwände anfertigten. Sie brachten Nachrichten von großartigen Heeresmusterungen und ergreifenden religiösen Prozessionen in ihre Dörfer – bis in die letzten Winkel des Urwaldes und bis auf die höchstgelegenen, einsamen Punas. Die Tempel und Paläste des Adels bestanden aus Steinblöcken von quadratischer und rechteckiger Grundform, die mit größter Präzision behauen und glatt geschliffen waren. Die Fugen zwischen den Blöcken sind noch heute so dicht, dass man kein Blatt Papier dazwischenschieben kann. Offenbar benutzten die Angehörigen der Führungsschicht Gefäße aus massivem Silber und purem Gold. In den mit Goldplatten ausgekleideten Nischen der Tempelräume standen die goldenen Götterstatuen und die Mumien verstorbener Herrscher. Wände wie Türöffnungen waren in den vornehmen Häusern mit Fellen der Vicuñas behängt, die Fußböden bedeckte man mit Tierfellen. In der Regel gruppierten sich die Räume um einen Garten, der mit Blumen bepflanzt und mit bemalten Tongefäßen sowie Gegenständen aus Gold und Silber geschmückt war. Während der alljährlichen großen Feste, zu denen Hunderttausende aus allen Landesteilen zum »Nabel der Welt« strömten, wurden auf dem großen Zentralplatz die Standbilder von Sonnen-, Schöpfer- und Regengott sowie der Gottheiten von Blitz und Donner aufgestellt. Auf Sesseln aus massivem Gold thronten die Mumien verstorbener Inkaherrscher. Den größten Glanz mit blendendem Prunk aber verbreiteten der lebende »Sohn der Sonne« und seine göttliche Gemahlin mit ihrem Hofstaat.

DIE ESCUELA CUSQUEÑA

In der Sakristei der Kathedrale hängt ein Gemälde des Mestizen Marcos Zapata (1710–1773), das das Letzte Abendmahl zeigt – mit Christus und den Aposteln bei einer Mahlzeit aus gebratenen Meerschweinchen und Maisbier sowie Judas mit dunkler Hautfarbe. Dies sind unverkennbare indianische Einflüsse.
Die Malereien der Escuela Cusqueña (Malschule von Cusco) glichen zunächst europäischen Bildern aus Mittelalter und Renaissance, doch mit zunehmender Erfahrung und steigendem Selbstbewusstsein der Künstler bekamen die dargestellten Heiligen anstelle europäischer Gesichtszüge eindeutig Mestizengesichter. Die Themen sind rein gotisch, wie z. B. die »Heilige Familie« des Diego Quispe Tito (1611–1681) im Dominikanerkloster von Cusco. Titos Gemälde zeigen erstmals in der peruanischen Kunstgeschichte auch Landschaften. Da es ihm als Mestizen verboten war, seine Werke zu signieren, kennzeichnete er sie mit Hüten und Urwaldvögeln. Der Kreole Luis de Riaño (1596–1667), Cuscos wichtigster Maler, arbeitete 1624–28 an seinem Hauptwerk, der »Sixtinischen Kapelle« in Andahuaylillas (siehe S. 112).

WEITERE INFORMATIONEN ZU CUSCO

www.cuscoperu.com/de

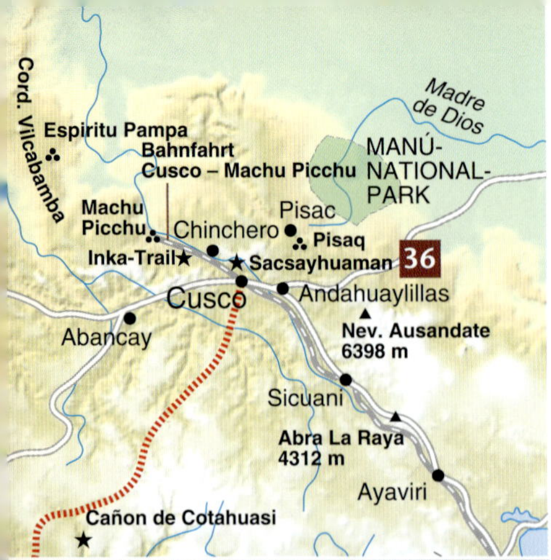

Der aus verwittertem Kalkstein bestehende Monolith von Kenko (oben). Quechua-Frauen mit ihren Tieren bei Tambo Machay (unten). Turm von Mullumarca (rechts unten). Hier findet alljährlich das große Inti-Raymi-Fest statt (rechts oben).

36 Sacsayhuamán – die Felsenfestung

Der Kopf des Pumas

»Sacsayhuamán« ist ein Quechua-Wort und bedeutet »Festung des zufriedenen Falken«. Und wie ein Falkennest hängt diese Festungsanlage auch hoch über Cusco. Als die Inka ihre Hauptstadt Cusco planten, stellten sie sich einen Puma vor: Cusco ist der Körper, und Coricancha, der Tempel des Sonnengottes Inti, symbolisiert den Schwanz. Sacsayhuamán aber sollte der Kopf sein, wobei die Zickzackmauern die Zähne darstellen.

Der in Südamerika einzigartige Festungskomplex Sacsayhuamán (auch Saqsaywamán) wird von drei im Zickzack verlaufenden, fast zehn Meter hohen Mauern aus riesigen Steinblöcken mit beeindruckenden Sockeln umschlossen. Sie symbolisieren die drei Welten im Glauben der Inka: Kay Pacha (Welt der Menschen), Hanan Pacha (Welt der Götter) und Ukhu Pacha (Unterwelt). Der Chronist Pedro Cieza de León (1520–1554) schätzte in seiner Beschreibung von 1550, dass 20 000 Männer beim Bau beschäftigt waren – 4000 brachen tonnenschwere Felsblöcke in den Steinbrüchen, 6000 zogen sie auf Rollklötzen und mit Stricken, die so dick wie Männerbeine waren, hoch, und 10 000 positionierten und passten sie ein.

Dreireihiger Schutzwall

Die Schutzwälle besitzen 22 vorspringende bzw. zurückgesetzte Bastionen und sind so angelegt, dass niemand sie heimlich besteigen kann. Die schmalen, trapezförmigen Tore konnten bei Gefahr mit Steinblöcken verschlossen werden. Die Anlage hat neben den drei hintereinander angeordneten Wällen zwei rechteckige Türme und einen runden turmartigen Befehlsstand, Muya Marca (auch Muyoqmarka) genannt. Nach dem Chronisten Garcilaso de la Vega (1539–1616) handelte es sich hierbei um einen Wasserspeicher, Cieza de León hielt ihn für ein »Inti Huasi« (»Haus der Sonne«) mit zeremoniellen und religiösen Funktionen und Sitz des Inka.
In einem Labyrinth von Räumen sollen früher etwa 5000 Soldaten stationiert gewesen sein. Die Gebäude sind größtenteils zerstört, denn die Spanier trugen viele Steine ab, um sie für ihre Kirchen und Kolonialhäuser zu verwenden. Lediglich der Thron des Inka, ein in den Felsen gemeißelter Sitz, blieb erhalten. Ähnlich wie der »Corcovado« (»Der Bucklige«) in Río de Janeiro breitet von

Sacsayhuamán aus eine weiße Christusstatue, der »Cristo Blanco«, seine Arme schützend über die Stadt Cusco aus. Sie war 1946 ein Geschenk der arabisch-christlichen Gemeinde.

Kenko – Welt aus Stein

Der aus verwittertem Kalkstein bestehende, sechs Meter hohe Monolith des Kultheiligtums Kenko (*quenk'o* = Labyrinth) ist übersät mit Rillen, die die natürliche Form des Felsens künstlerisch überhöhen. In der Höhle sind Altäre und Sitze aus dem Fels geschlagen. Hier fällt eine schlangenförmige Opferrinne auf, durch die möglicherweise während religiöser Zeremonien geweihtes Wasser, Maisbier *(chicha)* oder Blut in eine Höhle floss. Die Bedeutung der mit 19 Nischen versehenen Seitenmauer ist noch ungeklärt, möglicherweise war dieses »Amphitheater« Mittelpunkt eines religiösen Kultes. Vielleicht wurde die Höhle auch zum Einbalsamieren adliger Toter benutzt, und aus dem Verlauf der Flüssigkeit in der Opferrinne deuteten die Priester die Zukunft. Daher nimmt man heute auch an, dass Kenko ein Tempelort gewesen ist, in dem vor der Bestattung die Totenriten zelebriert wurden. In der Nähe befindet sich Puca Pucará (Rote Festung), vermutlich eine ehemalige Poststation *(tambo)*, in der Reisende Unterkunft fanden und Waren lagern konnten. Der Name bezieht sich einerseits auf die strategische Lage und eine turmartige, halbrunde Struktur, andererseits auf die rötliche Erde.

Stätte des Quellenkultes

Angeordnet auf vier terrassenförmig ansteigenden Mauern befinden sich am Fuß eines Hügels die Reste der Kultanlage Tambo Machay (Höhlenherberge) mit drei Brunnen zur spirituellen Reinigung der Inkafürsten. Ob sich hier aber auch, wie einige vermuten, der Inka zum Bad zurückzog, ist ungewiss. Dennoch wird die Anlage das »Bad des Inka« genannt.

DAS FEST DER SONNE

Seit 1944 wird wieder jedes Jahr am 24. Juni in der Ruinenanlage von Sacsayhuamán das Fest zur Wintersonnenwende, Inti Raymi (*inti* = Sonne, *raymi* = Fest) begangen, obwohl der kürzeste Tag des Jahres auf der Südhalbkugel eigentlich der 21. Juni ist. Katholische Geistliche verschoben den Termin jedoch kurzerhand auf den Festtag Johannes des Täufers, als sie feststellten, dass dem Inkabrauch nicht beizukommen war – so waren beide Seiten zufrieden.
Nach Berichten der frühen Chronisten versammelten sich der Inka, sein Hofstaat und die ganze Bevölkerung, wenn der Tag der Wintersonnenwende gekommen war, um die aufgehende Sonne zu begrüßen. Der Inka und seine Coya (Schwester, Ehefrau und Inkaprinzessin zugleich) wurden in einer Sänfte durch die Menge getragen, gefolgt von ranghohen Adeligen und Sonnenjungfrauen, die in ihren Händen die Opfergaben hielten. Auf dem Höhepunkt der Feierlichkeiten wurde ein Lama geopfert. Heute ist das Inti Raymi ein farbenprächtiges Historienspektakel, alles andere als eine getreue Wiedergabe der Feierlichkeiten zu Zeiten der Inka.

WEITERE INFORMATIONEN ZU SACSAYHUAMÁN

www.world-mysteries.com/mpl_9htlm

Das Innere der Kirche von Andahuaylillas ist in ihrer Pracht überwältigend. Besonders beeindrucken der Hauptaltar (oben) und die Gemälde und Wandmalereien (unten).

37 Andahuaylillas – die »Sixtinische Kapelle« Südamerikas

Verschwenderische Pracht in einer der ärmsten Regionen

Der Besuch der »Sixtinischen Kapelle« im Dorf Andahuaylillas mit ihren großflächigen Gemälden aus der Escuela Cusqueña, die biblische Szenen darstellen, ist ein Highlight für Kunstbeflissene. Die Ölgemälde und Wandmalereien sind noch gut erhalten.

Zum Tagesabschluss empfiehlt sich ein Ausflug nach Andahuaylillas. Knapp einen Kilometer vom Hauptplatz entfernt steht eine äußerlich unauffällige barocke Kirche aus Lehmziegeln. Über dem Eingang der Kirche aus dem 17. Jahrhundert, die unter dem Namen »Sixtinische Kapelle von Peru« bekannt geworden ist, sieht man auf einem Wandgemälde den mühsamen »Weg in den Himmel« und den »Weg in die Hölle«. Während man auf dem Bild im Kirchenschiff die Einflüsse der Escuela Cusqueña mit ihrer überreichen Goldbelegung erkennt, wurde die Kanzel offensichtlich von Anhängern der italienischen Renaissancemalerei verziert.
Das Dach der Kirche ist getäfelt und mit zarten Blumen in Blau, Türkis und Himmelblau bemalt. Selbst die Querbalken sind mit ähnlichen Motiven, allerdings in Rottönen, verziert.

Gemälde der Escuela Cusqueña

Innen wird man überrascht von einer Fülle bunter Fresken und Intarsien aus Blattgold an der Decke, schönen Wandgemälden und Gemälden der Kolonialzeit sowie einzigartigen Beispielen der Verbindung von Indígena-Kunst und christlichen Darstellungen. Als einfachste Bemalung gilt die der Decke, die einen früheren Mudéjar-Handwerksstil imitiert. Weitgehend original erhalten ist Luis de Riaños (1596–1667) Friesband, das um die Seitenwände läuft und mit Heiligenmedaillons besetzt ist. Weitere großflächige Gemälde mit biblischen Szenen aus der Escuela Cusqueña ergänzen den Schmuck der Seitenwände. Alle diese Gemälde sind in fein geschnitzte, vergoldete Prachtrahmen eingesetzt.
Wohl auf Wunsch des Padre Juan Pérez de Bucanegra (1598–1631) schrieb Luis de Riaño über den Eingang zum Taufraum die Taufformeln in fünf Sprachen (Latein, Spanisch, Quechua, Aymara und im ausgestorbenen Puquina).
Im ersten Stock kann man sich eine Orgel mit Engelsfiguren zeigen lassen, die auf Instrumenten des 17. Jahrhunderts musizieren. Die Orgel ist noch bespielbar und beeindruckt durch die Klarheit ihrer Töne.

38 Pisac – Markttage in den Anden

Buntes Markttreiben

Wohl nirgendwo zeigt sich Peru indianischer als auf den vielen Märkten, die in den größeren Andendörfern rund um Cusco regelmäßig stattfinden. Die Menschen leben nicht nur in einer faszinierenden Gegend, sondern sie bewahren auch alte Traditionen. Etwas von der Atmosphäre vergangener Inkazeiten ist hier noch zu spüren.

Ein Highlight für Besucher aus aller Welt ist der Sonntagsmarkt von Pisac. Die Einheimischen sind oft tagelang unterwegs, um in den frühen Morgenstunden ihre Stände aufzubauen oder um einzukaufen. Hier bekommt man z. B. Embryonen, die beim Hausbau als Glücksbringer eingemauert werden – für Ausländer weniger brauchbar. Interessant sind Web- und Töpferwaren, Körbe, verzierte Kürbisse, Holzschnitzereien sowie Stein- und Metallerzeugnisse.
Auf den Märkten sieht man überwiegend Frauen, denn sie verstehen sich besser auf das Feilschen als die Männer. Geduldig warten sie auf Käufer, niemand preist seine Waren lautstark an. Vor sich haben sie Kartoffeln und Kräuter, Gemüse und Zuckerwatte ausgebreitet. Es gibt Fleischspieße und Mandelkuchen, Maiskolben mit Honig und Yuka mit Gewürzsoße. In stoischer Ruhe lassen die Frauen die Kaugummiblasen vor ihren Mündern platzen oder kauen Cocablätter, die berauschend und beruhigend zugleich sind und zudem gegen Hungergefühle wirken. Bereits die Inka verwendeten Cocablätter zu rituellen und medizinischen Zwecken – »Mama Coca« ist eine heilige Pflanze.

Hüte und Bekleidung

Interessant sind die Hutformen: Während die Bewohner Cuscos eine Art weißen Doktorhut tragen, ist der Hut aus Pisac sanft geschwungen. Die Hüte der Frauen aus Chinchero erkennt man an Bordüren, die das Inkareich Tahuantinsuyu symbolisieren, das Reich der vier Weltteile mit Cusco als Nabel. Und die Quechua-Frauen aus dem Hochland balancieren mit Glitzerborten verzierte Filzhüte wie Pfannen auf dem Kopf.
Die Frauen des Altiplano tragen mehrere knielange bunte Röcke übereinander. Über weitärmelige Blusen und Strickjacken winden sie ein Tuch. Auf dem Rücken haben sie fast immer die *manta*, eine bunte, zusammengebundene Wolldecke, aus der häufig ein Kind hervorlugt, völlig ruhig, kaum jemals schreiend. Die Männer tragen knielange Hosen, Poncho und *chullu*, eine Wollmütze mit Ohrenklappen.

Auf dem Sonntagsmarkt von Pisac gibt es Kartoffeln, Zwiebeln, Mais und anderes Gemüse ebenso wie eine große Auswahl an Kunsthandwerk und Dingen für den täglichen Gebrauch (oben). Frau mit typischem Filzhut (unten).

Aus rötlichem Gestein wurde die Inkafestung von Pisaq (rechts unten) am Eingang des »geheiligten Tals« errichtet (unten). Von diesem strategisch wichtigen Punkt bietet sich ein hervorragender Überblick auf das Vilcanota-Tal mit seinen Weideflächen (oben). Im Zentrum der Anlage befindet sich der Sakralbereich mit Sonnentempel (rechts oben).

39 Ruinen von Pisaq – die Festung des Intihuatana

Das Valle Sagrado – ein »Garten Eden«

Der Besuch des Valle Sagrado de los Incas (Heiliges Tal der Inka) gehört zu den landschaftlichen und kulturellen Höhepunkten einer Peru-Reise. Als »Garten Eden« wird die Gegend auch bezeichnet, war sie doch einst die Kornkammer des Inkastaates und versorgte die Hauptstadt Cusco mit Mais, Getreide und Kartoffeln. Weithin erstreckt sich eine Landschaft, die einzigartig ist in Peru. Und über allem thront eine Festung.

Pisac und Ollantaytambo, die Endpunkte des fruchtbaren Río-Urubamba-Tals, wurden mit wehrhaften Festungen versehen. Die 1934 freigelegte Pisaq-Festung erhebt sich zwischen dem Río Vilcanota und dem Flüsschen Chongo. Der gewaltige Komplex ist eine der größten Bergfestungen der Inka.
7000 Pflanzterrassen, Tormauern, Häuser, Lagertürme, Bastionen, ein Tempelviertel und mehr als 4500 Felsnischengräber bilden die Siedlung, die in über 3000 Höhenmetern rund 300 Meter oberhalb des Ortes Pisac liegt. *Pisaca* leitet sich vom Quechua-Namen einer Rebhuhnart ab – einer begehrten Jagdbeute.

Terrassen und Friedhöfe

Es bedarf einer gesunden Kondition, um den Weg bergan zu klettern. Man kann aber auch bis zu einem Parkplatz fahren, wo ein ca. 600 Meter langer Fußweg beginnt. Vom oberen Parkplatz aus folgt man einem schmalen Pfad und erblickt bald im Hintergrund zahllose Löcher in den Felswänden. Dies ist einer der größten Inka-Friedhöfe. Archäologen entdeckten in der luftigen Höhe rund 200 Gräber, in denen sich zum Teil noch Mumien befanden. Dann gelangt man – an jähen Abgründen vorbei – in den eigentlichen Tempelkomplex.
Die Terrassen und Bewässerungskanäle sowie die vorzüglichen Mauern und Vorratslager werden von Wachtürmen beschützt. Drei gut erhaltene Stadttore symbolisieren die Bedeutung dieser Ruinenanlage, über die bis heute nur wenig bekannt ist.

Rundgang durch die Anlage

Vom Agrarzentrum Pisaqa, einem Wohnbereich über halbrunden Terrassen mit

Kanälen und Brunnen, führt eine lange Treppe zum heiligen Bezirk hinauf bis auf das höchste Plateau. Dieser sakrale Bezirk ist viermal so groß wie der von Machu Picchu. Hier befinden sich der Templo del Sol (Sonnentempel), ein Observatorium. An dieser Stelle fanden die Wissenschaftler den Felsblock »Intihuatana« (»Platz, an dem die Sonne festgehalten wird«); er markierte genau die Mitte des Tempelbereiches. Das reich verzierte Sonnenheiligtum ist ein senkrecht nach oben ragender Felszacken, mit der Form eines Zuckerhutes vergleichbar. Es diente wie eine Sonnenuhr dazu, die Jahreszeiten zu bestimmen und die Saat- und Erntezeiten festzulegen, indem an seinem Schatten der tägliche Sonnenverlauf beobachtet wurde. An Sonnwenden dürfte sich so nahe am Äquator mittags kaum ein Schatten gezeigt haben.

Rund um das »Intihuatana« stehen die Mauerreste der Tempel, Priesterpaläste und Befestigungsanlagen, halbrunde Türme und im oberen Teil die Qollqas (Lagerräume). Die tonnenschweren Blöcke waren ohne Mörtel aufeinandergesetzt. Nur trapezförmige Durchgänge, auf denen wiederum tonnenschwere Abdecksteine lagen, unterbrachen die Mauern.

Unterhalb des »Intihuatana« liegen die Ruinen zahlreicher Häuser, die insgesamt 30 kleine, von Mauern umschlossene Einheiten bildeten. Dieser Sektor erhielt die Bezeichnung Pisaq und gab der gesamten Ruinenanlage ihren Namen. Ein zu liturgischen Zwecken errichtetes Bad (auch »Mondtempel« genannt) am südlichen Ende der Tempelstadt wurde mit Stufen zum Hineinsteigen sowie in den Fels geschlagenen Haltegriffen versehen. Sogar ein riesiger Friedhof mit Tausenden von Gräbern und ein 16 Meter langer unterirdischen Gang sind vorhanden. Das kleine, grobe Gebäude in der Mitte des Komplexes, neben dem in feinster Steinarbeit errichteten »Mondtempel«, ist vermutlich ein Haus von Dienern und hat als einziges Gebäude eine Tür nach Norden.

KOKATEE UND SOROCHE

Atemberaubend – so erleben viele Reisende ihre ersten Stunden in Cusco. Doch dies ist auch der ungewohnten Höhe geschuldet. Da die meisten Besucher mit dem Flugzeug direkt aus Lima ankommen, erwischt es hin und wieder einen Touristen: Schwindelgefühle, Atemnot, Kopfschmerzen, Erbrechen, Nasenbluten und Schlaflosigkeit bis zur Ohnmacht sind nicht nur Zeichen mangelnder Akklimatisation, sondern Warnzeichen drohender Höhenkrankheit. Die »Soroche« stellt sich ein, wenn der Körper nicht genügend Zeit hat, auf den verringerten Sauerstoffdruck in der Luft zu reagieren. Davon kann jeder befallen werden, der in Höhen über 3500 Meter kommt. Körperliche Anstrengung, Alkohol und fettes Essen machen anfällig für die gefürchtete Höhenkrankheit, die unter Umständen zum Lungenödem und Tod führen kann. Jetzt empfiehlt es sich, einen Kokatee zu trinken, und wenn die erste Nacht überstanden ist, wird der Rundgang durch die Kolonialstadt zum vergnüglichen Erlebnis.

WEITERE INFORMATIONEN ZU PISAQ

Hotel in Klosteranlage in Yucay:
www.sonesta.com/sacred-valley

40 Chinchero – die Stadt des Regenbogens

Das landwirtschaftliche Zentrum der Inka

Zwischen Pisac und Ollantaytambo erstreckt sich der zentrale Abschnitt des Urubamba-Tals. Die geschützte Lage bedingt ein recht ausgeglichenes Klima, weswegen die Inka dieses Tal zu ihrem landwirtschaftlichen Zentrum machten. Auf halbem Weg nach Urubamba liegt Chinchero, berühmt wegen der archäologischen Stätten, der wundervollen Landschaft sowie seines farbenprächtigen Sonntagsmarkts.

Die Kirche in Chinchero wurde auf den Fundamenten eines Inkatempels errichtet (oben). Typisch für die Kopfbekleidung der Frauen von Chinchero ist der Hut mit den Bordüren, die das Reich der vier Weltteile mit Cusco als Nabel der Welt darstellen (unten). Auf dem farbenprächtigen Markt von Chinchero (rechts unten).

Im alten Landwirtschaftszentrum Chinchero, der »Stadt des Regenbogens«, baute Túpac Yupanqui (reg. 1471 bis 1493) seine Paläste. Und hier wirkte der Curaca Mateo García Pumacahua (1740–1815), der mithalf, die Stadt Cusco während der antikolonialen Erhebung von 1780 gegen Túpac Amarús II. rebellische Truppen zu verteidigen. Heute gibt es dreimal pro Woche einen Wochenendmarkt, der nicht von Touristen dominiert wird. Sonntags versammeln sich die Bewohner der umliegenden Dörfer auf dem Hauptplatz – auf dem Grasplatz zwischen den Ruinenterrassen und einer kleinen Kolonialkirche. Hier gibt es kunstgewerbliche Gegenstände zu kaufen. Am unteren Dorfrand dagegen findet ein Gebrauchsgütermarkt für die Einheimischen statt, wo neben Obst und Gemüse auch Mais, Kartoffeln und Chicha angeboten werden. Die Vielfalt der exotischen Früchte ist ein Augenschmaus von ungewöhnlicher Dichte, zudem steigen verführerische Düfte in die Nase. In Aluöfen brutzeln kleine, rote Würstchen, in Töpfen dampfen Kartoffeln und Bratbananen. Das Festhalten an alt überlieferte Sitten wie dem Tauschhandel, die typischen farbenprächtigen Gewänder und traditionelles Kunsthandwerk von hoher Qualität stellen neben den Märkten zweifellos ein touristisches Highlight dar.

Kolonialkirche auf Inkamauern

Die Lehmwände der Kolonialkirche, die ihren ursprünglichen Charakter aus der Zeit des Baus um 1607 weitgehend bewahren konnte, ruhen auf Inkamauern. Das Wandgemälde über dem Seitenportal zeigt eine Prozession zu Ehren der Schutzpatronin, der »Virgen de Montserrat« aus dem 17. Jahrhundert. Rechts von der Jungfrau sieht man Fragmente mit Schlachtszenen sowie einen Puma, der mit einem Schlangendrachen kämpft. Im zentralen Bild zersägen zwei

Engel einen Berg. Von daher rührt der Name der Jungfrau (*mont* = Berg; *serrat* = zersägt). Unterhalb des Wandbildes, in den freien Flächen des Eingangsbogens, erscheint eine Monstranz, die Engel behüten; links und rechts des Tores sind Christus und Petrus zu sehen.

In der Kirche ist auf dem Triumphbogen von 1607 die Krönung der Jungfrau dargestellt. Dies ist ein häufig verwendetes Motiv auf Triumphbögen, das den Sieg der katholischen Kirche über Ketzer und Sünden mithilfe der Jungfrau symbolisiert. Der barocke Hauptaltar ist vergoldet; besonders fällt die Dekoration aus Spiegeln und Silberplatten auf. Rechts vom Hauptaltar steht ein kleinerer Altar mit den Reliefs der vier Evangelisten. Er wird dem Indianer Diego Cusihuamán (17. Jh.) zugeschrieben. Die älteste Statue der Kirche, die »Virgen del Carmen« von 1590, steht im Zentrum.

Das Presbyterium ist im Renaissancestil mit den Bildnissen sämtlicher Apostel bemalt. Die Decken (1640–60 bemalt) zieren Medaillons, Blüten und weitere dekorative Elemente.

Wie die Kirche sind auch die meisten anderen kolonialen Bauwerke über ehemaligen Inkabauten errichtet worden. Den Hauptplatz umgeben das Haus von Mateo Pumacahua, zwei Triumphbögen und mehrere zweistöckige Wohnhäuser. Den Platz vor der Kirche rahmen massive alte Steinmauern der Inka mit trapezförmigen Nischen ein. Unterhalb sieht man noch weitere, in den Fels eingeschlagene Sitze und Treppen, wahrscheinlich Reste eines Palastes des Inca Túpac Yupanqui. Die östliche Seite schließt eine Inkamauer mit zwölf hohen Nischen ab. Links hinter der Kirche liegen die Reste von drei Huacas – Titicaca, Pumacaca und Chinkana. In Pumacaca sind zwei Pumaskulpturen in Stein gemeißelt, deren Köpfe von religiösen Eiferern abgeschlagen worden sind. Im Ort findet man weitere Terrassen, Inkawege, Wasserleitungen und Reste von Tunneln.

COCASTRAUCH UND KOKAIN – GENUSS UND DROGE

Die robuste Kokapflanze wächst in den Bergwäldern der Andenhänge. Der Anbau des Kokastrauchs ist in Peru legal. Der Strauch bedarf so gut wie keiner Pflege und kann bis zu viermal im Jahr geerntet werden. Die Bauern erzielen damit weitaus höhere Erlöse als mit anderen Feldfrüchten. Bei den Indianern der Anden sind die Blätter seit jeher für kultische und medizinische Zwecke in Gebrauch. Das Kauen der Blätter vertreibt Hunger, Kältegefühl, Müdigkeit, betäubt Schmerzen, stimuliert und erzeugt eine euphorische Stimmung. Reisende in den Hochanden trinken Tee aus Kokablättern (Mate de Coca), um die Symptome der Höhenkrankheit »Soroche« zu bekämpfen.

WEITERE INFORMATIONEN ZU CHINCHERO

www.cuscoperu.com/de/sacred-valley/chincheros.htlm

DANIEL
Nikon

Der bunte Markt von Chinchero bietet vor allem Gemüse und Kartoffeln zum Verkauf an.

Denkmal zur Erinnerung an die Schlacht von Ayacucho 1824, in der die Unabhängigkeit von Spanien errungen wurde (oben). Die Casona de Boza y Solis wurde 1740 erbaut und ist heute ein Regierungsgebäude (unten). Indígena-Kinder (rechts oben). Die Kathedrale an der Plaza de Armas im Renaissancestil (rechts unten).

41 Ayacucho – die Ruhestätte der Seelen

In der zentralen Sierra

Das Bergland zwischen La Oroya und Ayacucho wird kaum besucht, doch die grandiose Landschaft und die authentischen Kolonialstädtchen lohnen die Mühen der Anreise. Die Region bietet überraschende Einblicke in das ländliche Leben Perus, die Kirchen und Kolonialhäuser gehören zu den schönsten Bauten des Landes. Die Eisenbahnstrecke von Lima bis Huancayo wird allerdings nur noch selten befahren.

Nach dem Aufstand der Inka unter Manco Cápac (reg. 1533–1544) im Jahr 1536 wollten die Spanier zwischen Cusco und Lima eine Stadt anlegen, um die Verbindung besser aufrechtzuerhalten. 1539 wurde in 2760 Metern Höhe der Ort Ayacucho als San Juan de la Frontera gegründet. In der Kolonialepoche hieß er Huamanga, seinen heutigen Namen (in Quechua »Ruhestätte der Seelen« bzw. »Ort der Toten«) erhielt er erst nach der Unabhängigkeit von Simón Bolivar. Noch vor wenigen Jahren war die gesamte Region eine Hochburg der berüchtigten Terrororganisation Sendero Luminoso (»Leuchtender Pfad«).

Plaza de Armas mit Kathedrale

Der Ort hat sich eine Art provinziellen Renaissancestil bewahrt. Anschaulichstes Beispiel dafür ist die Plaza de Armas, an der die kleine, von einer Loggia geschmückte Kathedrale steht. Wie die anderen Gotteshäuser von Ayacucho besitzt sie innen mehr Glanz, als von außen zu ahnen ist. Herrliche Altäre, aus Holz geschnitzt, vergoldet und mit gehämmerten Silberplatten ausgekleidet, zieren das Haupt- und die Nebenschiffe. Ayachuchos Plaza de Armas ist einmalig in Peru, denn sie ist auf allen vier Seiten von steinernen Arkaden umgeben. Im Südwesten steht die Jesuitenkirche La Compañía mit barockem Hochaltar. Die Jesuiten kamen 1604 nach Ayacucho. Der Baubeginn der Kirche war 1645, doch erst 60 Jahre später war sie vollendet. Die Kirche hat ein einziges Schiff und einen Grundriss in Form eines lateinischen Kreuzes. Die Fassade und die zwei Ziegeltürme mit gemeißelten Blumenbändern sind von schlichter Anmut. Sehenswert sind die vergoldete Barockkanzel und fein geschnitzte Skulpturen.

Kirchen und Museum

In den letzten Jahren hat sich die Kolonialstadt mit ihren 37 Kirchen ordentlich

herausgeputzt. In der Klosterkirche Santa Clara ist eine maurische Kassettendecke aus vergoldeten Medaillons besonders sehenswert. 1568 gründete der vermögende Minenbesitzer Antonio Od den Konvent, in dem seine fünf Töchter als Nonnen leben sollten.
Die 1540 eingeweihte Iglesia de San Cristóbal ist die älteste Kirche, die Iglesia de la Merced aus dem gleichen Jahr die zweitälteste Kirche der Stadt. Die Stirnseite des Konvents Santo Domingo gehört zu den bemerkenswertesten Fassaden der Stadt, die Kanzel der Kirche San Francisco de Paula – eine feine Holzschnitzarbeit von 1713 mit ausdrucksstarken Hochreliefs der vier Evangelisten – halten einige Kunstkenner für die vorzüglichste der Stadt. Der Hauptaltar der Klosterkirche der Heiligen Theresa im Churrigueresco-Stil wiederum gilt als einer der schönsten Altäre der Stadt. Großartig ist die Skulpturen- und Gemäldesammlung, die Kirche und Kloster aufbewahren, darunter Werke der Escuela Cusqueña und der flämischen Schule. Leider ist die Klostersammlung nicht öffentlich zugänglich.
Das Museo de Antropología Hipólito Unánue widmet sich der Huari-Kultur, deren Einfluss sich über große Teile des heutigen Perus erstreckte und deren Hauptstadt gut 20 Kilometer von Ayacucho entfernt lag. Aus den Ruinenfeldern von Huari stammen die eindrücklichen Steinskulpturen, die Gottheiten, Helden und eine Raubkatze darstellen.

Casonas (Herrschaftshäuser)

1553 lobte Pedro Cieza de León in seiner *Crónica del Perú* die »Mansiones de Huamanga«, Herrschaftshäuser wohlhabender Spanier. Meist baute man die Casonas um einen Innenhof oder Garten. Bogengänge mit Steingewölben bildeten das Parterre, die Dächer deckte man mit roten Tonziegeln.
Auf dem Cerro Acuchimay oberhalb des Quartiers Santa Ana liegt der Aussichtspunkt Mirador Turístico.

MIT DEM ZUG IN DIE ANDEN

Früher fuhr jeden Morgen vom Bahnhof Desamparados in Lima in neun bis zwölf Stunden ein Zug nach Huancayo. Bis zur Fertigstellung der Trasse Peking–Lhasa im Jahr 2007 trug diese Linie stolz den Titel »höchste Eisenbahn der Welt«. Der reguläre Verkehr ist seit Jahren eingestellt, nur zweimal im Monat fahren Ausflugszüge. Die Eisenbahnstrecke von Lima nach La Oroya war Ende des 19. Jahrhunderts eine technische Meisterleistung. Auf 173 Kilometern überwindet die Bahn einen Höhenunterschied von fast 5000 Metern. Dafür mussten 45 Brücken und 60 Tunnel errichtet werden, an den steilsten Stellen windet sich der Zug im Zickzack bergauf. Nachdem der Bau 1869 beschlossen worden war, beauftragte man den US-amerikanischen Ingenieur Henry »Enrique« Meiggs damit. Doch schon bald mussten die Arbeiten wegen des Salpeterkrieges mit Chile unterbrochen werden, danach kam das Projekt wegen Geldmangels nur langsam voran. 1893 war die 222 Kilometer lange Strecke endlich fertiggestellt.

WEITERE INFORMATIONEN ZUR EISENBAHN

Perurail: Tel. 084-23-87-22 / 22-19-92, www.perurail.com

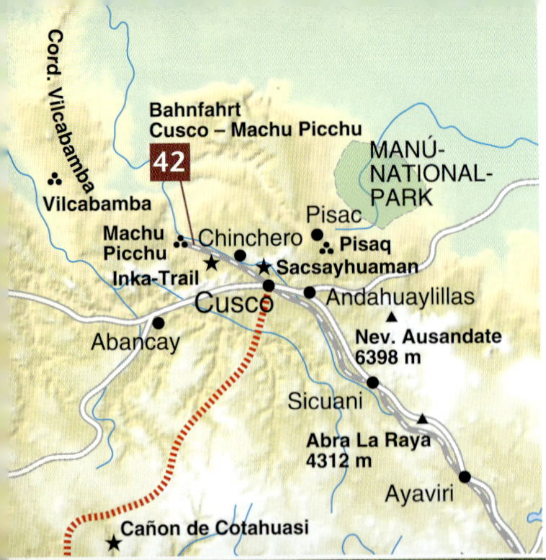

Von Cusco aus fährt ein Schmalspurzug (oben) vorbei an Gehöften (unten) durch das obere Urubamba-Tal (rechts) nach Machu Picchu.

42 Am Heerlager des Königs – Bahnfahrt nach Machu Picchu

Im Tal des Urubamba

Die Bahnfahrt am Río Urubamba entlang ist ein aufregendes Abenteuer. Der Río Urubamba ist einer der Flüsse, an dem der Regisseur Werner Herzog 1971 den Film »Aguirre, der Zorn Gottes« drehte. Er schildert eine fiktive Expedition spanischer Konquistadoren im 16. Jahrhundert auf der Suche nach dem Goldland El Dorado.

Auf der nur 914 Millimeter breiten Spur balanciert die Bahn von Cusco, dem »Nabel der Welt«, über enge Windungen auf einem Bergrücken entlang mächtiger Schluchten, windet sich hinab ins Tal des Río Vilcanota, überwindet einen weiteren Pass und dampft dann ins Urubamba-Tal. Über scheinbar schwankende Brücken geht es entlang gurgelnder Flüsse weiter. Man sucht sich am besten einen Platz an der linken, für Fotografen idealen Seite des Zuges.

Wilde Landschaften

Vom Bahnhof Estación San Pedro in Cusco fahren täglich mehrere Züge in 3,5 bis 4 Stunden nach Machu Picchu: der preisgünstige »Backpacker«, der einfache »Vistadome« sowie der Luxus-Sonderzug »Hiram Bingham« (ab Bahnhof Poroy). Der Indio-Zug *(tren local)* darf von Touristen nicht benutzt werden. Das erste Stück hinter Cusco führt in atemberaubenden Kurven steil bergan. Dann überquert der Zug die hügelige Hochebene zur Pampa de Anta. Inmitten grüner Felder liegt das Kolonialdorf Piuroy. Im Familienverband-System betreiben die Einheimischen hier Ackerbau. Zu beiden Seiten der Bahnanlagen sieht man Äcker mit Kartoffeln, Mais und Zwiebeln. Vorbei an einer Düngemittelfabrik, die von Deutschen erbaut wurde, rattert der Zug durch ein weites Tal mit Wiesen, auf denen schwarz-weiß gefleckte Kühe weiden.
Ein Stopp am kleinen Bahnhof von Cachimayo zeigt Adobe-Häuschen mit winzigen Höfen. Die weite Fläche der Weiden für Kühe, Schafe und Lamas wird Pampa de Anta (Antapampa) genannt. In Anta leben die Bauernfamilien in Ziegeldachhäuschen. Bebaute Terrassen kleben an den Bergen. Dies ist der Beginn eines 25 Kilometer langen schmalen Tales.
Huarocondo liegt am Eingang des gleichnamigen Flusstales, durch das der Zug bei Pachar kurz vor Ollantaytambo zum Tal des Río Urubamba dampft. An

Die Reste der Festungs- und Kultanlage Ollantaytambo liegen auf einem Felssporn (oben) oberhalb der kleinen Stadt Ollanta (rechts unten) mit ihren romantischen Gässchen (unten). Frau aus der Ortschaft (Mitte). Hinter Ollantaytambo erhebt sich der Cerro Pinkuylluna (rechts oben).

steilen Berghängen, die das Tal einrahmen, erblickt man kunstvoll angelegte Terrassen, die mit zunehmender Höhe immer schmaler werden.
Leider erlaubt die Zeit bei normalen Pauschalreisen keine Besichtigung von Ollantaytambo. Wer allerdings allein unterwegs ist, sollte unbedingt einen Zwischenstopp in diesem auf den ersten Blick unscheinbaren Nest direkt an der Bahnstrecke einlegen.

Ollantaytambo

In einer eindrucksvollen Landschaft, in der zahlreiche Pflanzen wie der oft baumhohe spanische Ginster blühen, liegt auf einem steilen Bergsporn am Ufer des Nebenflüsschens Patacancha die Festung Ollantaytambo. Apu Ollantay hieß ein Feldherr der Inka, der sich in Cusi-Coyllur (Heller Stern), die Tochter des Inkaherrschers Pachacútec (reg. 1438–1471) verliebte. Er musste aus der Stadt fliehen, doch nach Pachacútecs Tod konnte er mit der Prinzessin zusammenleben.
Hernando Pizarro staunte nicht schlecht, als er 1536 mit 100 spanischen Soldaten anrückte, um den aufständischen Inka Manco Cápac II. gefangen zu nehmen, denn der Sturm auf die ummauerte Festung scheiterte. Nach verschiedenen misslungenen Versuchen, die Festungsanlage zu stürmen, zogen die Spanier wieder ab.
Seit dem 13. Jahrhundert leben hier Menschen in den gepflasterten Gassen der Stadt, die einen Großteil der Inka-Architektur bewahren konnte. Wie der spanische Chronist Garcilaso de la Vega (1503–1536) berichtet, wurden hier früher die Eingeweide der toten Inkaherrscher beigesetzt. Die Festung, zum Schutz vor Überfällen wilder Urwaldstämme geplant, ist ein Komplex aus einem kleinen Wohnzentrum und einem eindrucksvollen Befestigungswerk. Staunend betrachtet man die riesigen Monolithe aus hartem, rötlichem Granit, die kunstvoll geschliffen wurden. Man findet Plätze, Tempel, Unterkünfte, Vorratslager, Brücken, Terrassenfelder, Verteidigungsmauern, Trinkwasser- und Abwässerkanäle, Bäder und Wachtürme.
Nach einem atemberaubenden Aufstieg über die steilen Treppen erblickt man den auf der anderen Talseite den Steinbruch, aus dem die riesigen Felsblöcke hinauftransportiert wurden. Über eine in den Steilhang gehauene Treppe gelangt man in den oberen Bereich der Anlage. Der Hang selbst besteht aus 17 Terrassen, die mit Mauern eingefasst sind.
Auf der obersten Terrasse entdeckt man mehrere eingegrenzte Areale, Pfade und Treppen, bevor man zum Sonnentempel gelangt. Von ihm blieb nur eine massive Mauer aus sechs roten, etwa vier Meter hohen Porphyrmonolithen erhalten.
Spektakulär sind die zweistöckigen Gebäude in waghalsiger Lage, die möglicherweise als strategische Aussichtspunkte gedacht waren. Die Nischen im Fels dienten als Grabstätten, in denen man viele Mumien fand. Eine aus dem Fels geschlagene Nische in Form eines Sessels wird als Inkathron bezeichnet.
Dicht hintereinander schmiegen sich an den Felshang die Überreste der Vorratslager. Die langen, rechteckigen Gebäude haben viele Fenster und besaßen ursprünglich ein Dach.
Interessant ist auch der Brunnenkomplex, der vielleicht dem Wasserkult

geweiht war. Ein mit geometrischen Figuren ornamentierter Felsblock, auf den ein Wasserstrahl fällt (Baño de la Ñusta), grenzt an den Raum. Der große Brunnen wurde aus einem einzigen Stein gehauen und mit einer steinernen Umrandung eingefasst. Die Überlieferungen berichten, dass der sehr schöne Brunnen der Ñusta, der Gemahlin und Schwester des Inka, vorbehalten war. Doch hinter dieser Märchengestalt verbirgt sich wahrscheinlich nur die Göttin des Wassers, das alles Leben spendet.

Galerien der Natur

Hinter Ollantaytambo, wo die Straße endet und es nur noch mit dem Zug weitergeht, wird die Vegetation tropischer. Die Bahn rumpelt jetzt durch die immer enger werdende Schlucht des Río Urubamba nach Chillca. Die Gleise winden sich durch ein grandioses Felsenmeer. Hohe Kakteen, staubige Büsche und wunderliche Baumgerippe wachsen in den Tälern und an steilen Hängen. Oft verdecken Bäume den Blick auf die graue Berglandschaft, die sich bis zum Horizont erstreckt.

Der Zug verlässt nun das Hochland und dringt in die bergigen Ausläufer des Amazonas vor. Bei Kilometerstein 88 wird der Blick frei auf alte Terrassenanlagen der Inka, die Ruinen von Q'ente. Wer den Inka-Trail zu Fuß bewältigen will, steigt hier aus dem Zug aus.

Mit dem Zug geht es weiter das Tal hinunter, in der Ferne sieht man den Berg Veronica. Zu beiden Seiten des Río Urubamba verlaufen auf Pfaden über den Talhängen die alten Lebensadern des Inkareiches. Vorbei an einem Damm und dem Stauwerk einer Wasserkraftanlage, erblickt man am anderen Ufer die Ruinen von Choquesuysuy. Unerfahrene Touristen drängeln nun zu den Ausgängen, doch an der Haltestelle steht zwar »Machu Picchu«, doch dies ist die Station von Aguas Calientes. Erst die Station Puente Ruinas, drei Kilometer weiter, ist jene für die Ruinen von Machu Picchu.

CHOQUEQUIRAO – »SCHWESTER VON MACHU PICCHU«

Im März 2002 wurde die Entdeckung einer neuen Inkastätte auf einem Berg an den Ausläufern der Salkantay-Gebirgskette bekannt: Choquequirao (Wiege des Goldes). Wegen der ähnlichen Architektur und Struktur wird sie auch als »Schwester von Machu Picchu« bezeichnet.

Bekannt wurde die Stätte bereits 1909 durch Hiram Bingham, dem Entdecker von Machu Picchu. Erste Ausgrabungen fanden allerdings erst in den 1970er-Jahren statt. Die Stadt war dann längst geplündert worden, auch wenn sie – wie Machu Picchu – von den Spaniern unentdeckt geblieben war.

Immerhin beeindruckt die Stadt 160 Kilometer nordwestlich von Cusco durch ihre Schönheit und die Lage auf einem Berg oberhalb des Río Apurímac, umringt von schneebedeckten Gipfeln. Sie ist in der für die Inka typischen Terrassenbauweise angelegt. Um einen zentralen Platz befinden sich Tempel und Regierungsgebäude sowie Wohnhäuser der Aristokraten.

WEITERE INFORMATIONEN ZU CHOQUEQUIRAO

www.perudiscovery.com/de/inka-ruinen-choquequira

Wanderung mit Bergführer im Salkantay-Gebirge (oben). Die Ruinen von Huinay Huayna liegen an einem steilen Hang (unten). Trekking auf dem Inka-Pfad entlang des Río Urubamba Valley (rechts).

43 Auf dem Inka-Pfad – Siedlungen und Bergpässe

Von der »Bergstadt« zur »Stadt über den Wolken«

Die Inkastadt Machu Picchu ist das Highlight für alle Peru-Besucher. Man erreicht sie entweder mit der Bahn oder über den Inka-Trail, der bereits den *chasquis* (Boten) dazu diente, Nachrichten zu überbringen. Über gepflasterte Wege und in den Fels geschlagene Treppen führt er an verschiedenen Zitadellen vorbei über Andenpässe, Hochebenen und durch Nebelwälder zur »verlorenen Stadt der Inka«.

Der etwa 44 Kilometer lange Inka-Trail *(Camino Inca)*, 1942 von der schwedischen Viking-Expedition unter Paul Fejos (1897–1963) wiederentdeckt, ist einer der am meisten begangenen Trecks in Südamerika.

Beginn des Inka-Trails

Das Abenteuer beginnt bei der Bahnstation Corihuayrachina auf einer Hängebrücke über den Urubamba. Eben war man noch durch einen Eukalyptuswald leicht aufwärts gewandert. Jetzt, bei den Ruinen von Llactapata (auch »Patallacta« = Bergstadt), überquert man über eine Hängebrücke den kleinen Río Cusichaca, dessen Tal man nach einem kurzen Steilanstieg folgt. Der große runde Turm auf einem riesigen Felsen, »Pulpituyuj« (»Ort mit Kanzel«) genannt, diente möglicherweise als Altar. Man folgt dem Wanderweg bis zum Dorf Miscay, wo eine Pause eingelegt wird, bevor es einen steilen Pfad hinaufgeht. Die Mühe wird mit einem spektakulären Anblick eines Gebäudes der Inka namens »Patallacta« belohnt. Etwa zwei Stunden klettert man weiter bis zu einem schönen Platz, wo Koch und Träger mit dem Mittagsessen warten.

Nach weiteren zwei, drei Stunden gelangt man zum 2743 Meter hoch gelegenen Dorf Huayllabamba inmitten von Maisterrassen und Kartoffelfeldern. Anderthalb Kilometer am linken Flussufer abwärts gelangt man zur »Gabel«, wo zwei Flüsse aufeinandertreffen. Hinter Holzbrücke über dem linken Flusslauf wird der Pfad breiter und windet sich dann jenseits einer Klippe steil abwärts durch dichten Wald über dem linken Ufer des Llulluchayoc. Schließlich öffnet sich der Wald und gibt den Blick frei auf eine kleine Ebene mit Wiesen und Feldern, die Übergangszone zwischen den Wäldern und der baumlosen Puna. Nach ein, zwei Stunden ist Llulluchapampa erreicht. Eine Wiese in etwa

Phuyupatamarca mit einer Stufenarchitektur (oben). Camping unterhalb des Passes von Runkuracay (Mitte). Choquequirao liegt auf einem Berg oberhalb des Río Apurimac (unten). Teilweise ist der Inka-Trail recht steil (rechts oben); er ist Teil des alten Inka-Pfades Cápac Ñan (unten).

3750 Metern Höhe ist der ideale erste Übernachtungsplatz. Geisterhaft wirken die Berg- und Waldsilhouetten im Wolkendunst am nächsten Morgen. Es kostet zwar Überwindung, mit klammen Händen das Zelt abzubauen, ein Feuerchen anzuzünden und sich sehr früh auf den Weg zu machen, doch der nicht sehr steile Pfad gibt neuen Mut.

Der höchste Punkt des Inka-Trails, der 4198 Meter hohe Abra de Huarmihuañusca (Pass der toten Frau), ist in ein bis zwei Stunden erreicht. Jetzt wird der Blick frei auf den zweiten Pass und die darunterliegende Ruine von Runkuracay, die sich oft unter einer Nebeldecke verbirgt. Die Landschaft am Huarmihuañusca-Pass (auch Erster Pass) wandelt sich jetzt zu kargem, kaltem Hochland.

Steil bergab geht es nun etwa zwei Stunden zum Río Pacaymayo (Versteckter Fluss), den man überwinden muss. Hier gibt es einen offiziellen Zeltplatz mit guten Duschen und Toiletten mit Wasserspülung.

Von Runkuracay nach Phuyupatamarca

Die nächste Etappe führt steil bergauf zum zweiten Pass, dem Runkuracay-Pass in 3998 Metern Höhe. Auf halbem Weg wird gehalten, um einen archäologischen Komplex, die halbrunde Ruine von Runkuracay, auf 3799 Metern zu besichtigen. Der Trail windet sich hier mitten durch den Regenwald und ist ziemlich verwachsen, schlammig und glitschig. Doch der Anblick herrlicher Orchideen und riesiger Baumfarne entschädigt für die Anstrengungen. Die Ruine von Runkuracay bietet sich zur kurzen Rast an. Man sieht zwei flache Seen, die im Sonnenlicht wie tausend Diamanten funkeln. Die Festung selbst beeindruckt durch ein enges System von Gassen und ein perfekt konstruiertes Labyrinth. Man vermutet, dass es sich um ein kleineres Verteidigungsbauwerk gehandelt hat. Man kann den Torreón besichtigen, dessen Türen seitliche Löcher aufweisen, sowie rituelle Bäderanlagen und eine Wasserleitung.

Vom Abra de Runkuracay hat man einen prächtigen Blick auf die Cordillera Vilcabamba mit dem 6271 Meter hohen Salkantay, der in der Ferne in der Nachmittagssonne leuchtet. Wenn die hinter den Gipfeln verborgene Sonne die Szenerie in ein gespenstisches Licht taucht, werden die steilen Treppen hinter dem lang gestreckten, alpengrünen Yanacocha-Tümpel (Schwarze Lagune) sichtbar, die zur 3728 Meter hoch gelegenen Ruine von Sayacmarca führen.

Noch einmal steigt der Weg an, fordert alle Kraftreserven und führt über Stufen dann vom zweiten Pass hinab zu den Ruinen von Sayacmarca (Unzugängliche Stadt). Neben den halbrunden Gebäuden sieht man Wasserquellen und Bewässerungskanäle. Forscher nehmen an, dass der Inkabau ein astronomisches Zeremonialzentrum war.

300 Meter unterhalb der Ruine überquert man den kleinen Río Aobamba, und eine halbe Stunde später erreicht man eine Wiese neben einem Sumpf, wo es viele Moskitos gibt. Man ist wieder im Bergurwald, und der Trail führt jetzt vorbei an schönen Aussichtspunkten auf das Urubamba-Tal zur Inkasiedlung Phuyupatamarca mit Anbauterrassen und Höhlen. Über den Ruinen liegt ein Abhang, der mit losen Steinen über-

füllt ist. Hier liegt ein Felsblock mit drei tiefen Kerben – möglicherweise war dies ein Steinbruch, und der Block sollte in vier einzelne Blöcke geteilt werden. Über einen mit Platten ausgelegten Weg, vorbei an der Laguna Seca (»Chaqiqucha«) und durch einen 16 Meter langen Tunnel mit Stufen und polierten Wänden, geht es weiter, bis sich der Blick auf das enge Urubamba-Tal tief unten senkt. Die Ruinen von Phuyupatamarca (Stadt über den Wolken) in 3627 Metern Höhe sind der Übernachtungsplatz. Die Stufenarchitektur erinnert an mittelamerikanische Sonnenpyramiden. Das Quellwasser ist eiskalt, sodass die Körperwäsche ausfällt. Auch die Nacht wird lausig kalt, ein guter Schlafsack ist unbedingt erforderlich.

Huinay Huayna und Machu Picchu

Der Weg windet sich jetzt leicht abfallend am bewachsenen Berg entlang. An den senkrechten Felswänden tritt Regenwasser aus, das vom Gipfel herabsickert. Wildblumen nutzen diese Feuchtigkeit und schaffen zwischen den Felsritzen hängende Gärten. Unten erblickt man eine kleine, vom Dschungel überwucherte Schlucht, die auf die Urubamba-Schlucht zuführt. Auf halbem Weg dorthin liegt Huinay Huayna (auch Wiñay Wayna). Der Ort ist nach einer Orchidee namens »Ewige Jugend« benannt. Über einem sehr steilen Hang, umgeben von alten Terrassen, ragt die Ruine wie ein Adlerhorst über das Urubamba-Tal. Das Gelände fällt jäh ab, um ebenso plötzlich zu den funkelnden Gletschern des Veronica (5682 m) wieder anzusteigen. Auf dem letzten Teilstück nach Machu Picchu wandert man durch Urwald, bis sich nach etwa zwei Stunden bei Inti Punku (Sonnentor) ein überwältigender Anblick bietet: Wie eine Fata Morgana liegt Machu Picchu inmitten einer grandiosen Berglandschaft. Es lohnt sich, hier etwas zu verweilen, ehe man den halbstündigen Abstieg zu den Ruinen der »Verlorenen Stadt der Inka« antritt.

DER SALKANTAY-TREK NACH MACHU PICCHU

Ein alter Fußweg führt am massiven Salkantay (6271 m) vorbei. Seit dem Erdrutsch in Santa Teresa kann das klassische Teilstück zwar nicht mehr begangen werden, auf einer neuen Route gelangt man jedoch ebenfalls nach Machu Picchu.
Die Wanderung beginnt in Mollepata. Nach einem langen Aufstieg kommt man nach Silca (Saillapata) und weiter nach Soraypampa, wo die erste Nacht verbracht wird. Durch eine Schlucht gelangt man zum Salkantay-Hochpass (4600 m). Von hier aus steigt man bergab bis Colcapampa, wo übernachtet wird.
Am nächsten Tag beginnt der Abstieg zum Río Santa Teresa und nach La Playa. Nun geht es auf dem Inka-Trail weiter nach Hydroelectrica. Am Nachmittag nehmen die Wanderer den Zug nach Aguas Calientes. Nach der Besichtigung von Machu Picchu fährt man von Aguas Calientes aus mit dem Zug nach Ollantaytambo und mit dem Bus nach Cusco.

WEITERE INFORMATIONEN ZU INKA-TRAIL UND SALKANTAY-TREK

www.choquequirao.com/trek_salkantay_machupicchu.html
www.incatrailreservations.com/inca-trail
www.inc-cusco.gob.pe

Das sagenumwobene Machu Picchu thront auf einem Bergvorsprung (rechts oben) und wird an drei Seiten vom Río Urubamba umflossen (links oben). Typisch für die Anlage sind die restaurierten Hütten und die zahlreichen Terrassen (rechts unten).

44 Machu Picchu – die verlorene Stadt der Inka

Romantische Geschichten

Die Chronik des 1555 gestorbenen spanischen Konquistadoren Don Antonio Altamirano erzählt von dem spanischen Soldaten Miguel Rufino, der die Inkaprinzessin Accla Gualca aus den Händen mordender Spanier rettete. Er floh mit ihr nach Machu Picchu, beide mussten aber schwören, keinem Fremden von diesem heiligen Ort zu erzählen. Ein Jahr später wurde Rufino der waffentechnische Berater des Inca Manco (Manco Cápac II., reg. 1533–1544), fiel aber bei dem gescheiterten Versuch, Cusco zurückzuerobern.

Machu Picchu, die Ruinenstätte inmitten einer überwältigenden Landschaft unter dem Kegel des 2743 Meter hohen Huayna Picchu, thront auf einem Bergvorsprung mit fast 45 Grad steilen Hängen, die an drei Seiten vom Río Urubamba umflossen werden und an der vierten durch den Huayna Picchu geschützt sind.

Die Suche nach dem sagenhaften Vilcabamba

Der Sage nach wurde den Spaniern 1532 nur ein kleiner Teil des Goldes, das ihnen der Inkaherrscher Atahualpa für seine Freilassung versprechen musste, tatsächlich übergeben – den weitaus größeren Teil sollen die Inka, als sie die Nachricht von der Ermordung ihres Herrschers erhalten hatten, in den Bergen versteckt haben. Vielleicht in dem legendären Zufluchtsort Vilcabamba, nordöstlich von Machu Picchu, der schon durch die Chroniken des Augustinermönchs Antonio de Calancha (1584 bis 1684) gegeistert war. Denn die Inka sind bekannt dafür, dass sie unliebsame Geschehnisse aus der geschichtlichen Überlieferung streichen ließen. Da sie keine schriftlichen Zeugnisse besaßen, sondern Ereignisse mündlich überliefert wurden, konnte man ärgerliche Begebenheiten auslöschen. Hieraus wurde die Hypothese abgeleitet, dass es in der Geschichte von Machu Picchu irgendetwas gegeben haben muss, das das Missfallen des Inka erregt hat, der daraufhin den Befehl gab, diesen Ort aus dem Gedächtnis des Volkes zu löschen. Damit erklärt sich, warum die verlorene Festung den Spaniern von keinem einzigen Einheimischen verraten werden konnte.

Der Blick aus dem »Tempel der drei Fenster« gehört zu den großartigsten visuellen Erlebnissen der Anden (oben). Lamas auf dem Gelände von Machu Picchu (Mitte). Der Intihuatana, der Sonnenstein, ist das bedeutendste Heiligtum von Machu Picchu, er diente zur Bestimmung der Sonnenwenden (unten).

Auf der Basis von vagen mündlichen Überlieferungen begannen einige Hobby-Historiker die Suche nach dem sagenhaften Vilcabamba. Der Franzose Nicolas Wiener kam 1875 bis zur Inkaruine Ollantaytambo, wo er von Einheimischen detaillierte Hinweise auf weitere Ruinen bei Machu Picchu erhielt. Doch er musste seine Suche im undurchdringlichen Urubamba-Tal ergebnislos abbrechen. 16 Jahre später kam eine Expedition, um einen Maultierpfad durch die Schlucht zu bauen. Es war dieser Pfad, der es später Hiram Bingham (1875 bis 1956) ermöglichte, auf der Suche nach dem sagenhaften Vilcabamba dem Hinweis auf die Ruinen von Machu Picchu zu folgen. Doch erst der Viking-Expedition unter Paul Fejos (1897–1963) gelang es 1941, den gesamten Pfad in die inzwischen freigelegte Inkafestung zu begehen.

Die Entdeckung Machu Picchus

Dieses sagenhafte Vilcabamba wollte der amerikanische Historiker Hiram Bingham finden. Eigentlich hatte er, als er 1908 am Ersten Panamerikanischen Wissenschaftskongress in Santiago de Chile teilnahm, nur die Lebensstationen des Befreiungshelden Simón Bolívar besuchen wollen. Aber bei einem Bankett in Abancay wurde er neugierig auf die Inka und freundete sich mit der Idee an, deren »letzte Hauptstadt« zu suchen. Bingham beschaffte mithilfe der Yale-Universität die Mittel für eine Expedition und arbeitete sich 1911 von Ollantaytambo aus durch das Urubamba-Tal vor. Dort machte ihn ein Bauer namens Melchor Arteaga auf eine verlassene Stadt über steilen Felswänden aufmerksam. Als Bingham dann am Abend des 24. Juli 1911 tatsächlich vor der grandiosen und vom Dschungel überwucherten, unzerstörten Inkastadt stand, meinte er nur: »Das ist nicht das, was ich suche.« So berichtet es der Zeitzeuge Rodriguez Carpio. Der US-Amerikaner war sich zwar nicht sicher, ob es sich um die gesuchte Stadt Vilcabamba handelte, ahnte es aber wahrscheinlich. Fälschlicherweise gab er ihr den Namen »Machu Picchu« (»Alte Bergspitze«). Die gefundenen Schätze wurden mit Maultieren an die Küste geschafft und vom Hafen Mollendo aus nach Nordamerika verschifft. Fest steht, dass Bingham sich bis 1948, als die zu dem Ruinenkomplex führende Serpentinenstraße nach ihm benannt wurde, nicht mehr in Machu Picchu blicken ließ.
Der Name Machu Picchu taucht als *picho* schon in den Wirtschaftsbüchern der Augustiner von 1568 auf, als der Orden nördlich von Ollantaytambo eine Hazienda betrieb. Im 19. Jahrhundert bestätigten Forschungsreisende wie der Franzose Charles Wiener (1851–1919) und der Italiener Antonio Raimondi die Existenz dieser Ruinen, allerdings ohne sie gesehen zu haben. So erntete der US-Amerikaner Hiram Bingham den Ruhm, obwohl er eigentlich Vilcabamba gesucht hatte. Der engagierte Forscher legte bei Ausgrabungen von 1912 bis 1915 den gesamten Ruinenkomplex frei und dokumentierte das gigantische Werk anhand von 12 000 Fotos.

Fantastisches Machu Picchu

Die Stadt zeugt nicht nur von der hochentwickelten Städtebaukunst der Inka, sondern auch von der ausgeklügelten

Ackerbaukultur dieses Volkes. In mühseliger Arbeit wurden Terrassen aus den steilen Hängen herausgeschlagen und anschließend mit Erde gefüllt, die aus den Tälern heraufgeschleppt werden musste. Sie legten Bewässerungsgräben an und düngten die Felder mit Guano. Abstufungen erleichterten die künstliche Bewässerung und verhinderten, dass der kostbare Boden weggespült wurde.
Wenn man die Anlage besucht, kommt man gleich hinter dem Eingang zunächst zu restaurierten Hütten, die gelegentlich als »Barracas« (Wohnungen der Wächter) bezeichnet werden.
Wegen der dahinterliegenden Terrassenfelder, die charakteristisch sind für die Inkazeit, nimmt man jedoch an, dass es sich um Unterkünfte der Bauern handelt. Dabei ist zu bemerken, dass alle Bezeichnungen wie Prinzessinnen- oder Intellektuellenviertel reine Fantasie und zum Teil schon Hiram Binghams Vorstellungskraft entsprungen sind.
Um einen Überblick über die gesamte Anlage zu bekommen, ist es empfehlenswert, zunächst den Aussichtspunkt Mirador, ein Wachhäuschen mit Hausbank, aufzusuchen. Vom Eingang erreicht man ihn, vorbei an ein paar Hütten und den Terrassenanlagen, über eine steile gewundene Treppe an der Stadtmauer entlang und den ehemaligen Friedhof hinauf, von wo man die Stätte auf sich wirken lassen kann. Hier endet der »Inca Ñan« bzw. »Cápac Ñan« (»Inka-« bzw. »Königsweg«) oder auch »Ñan Cuna« (»Weg der Zeit«), wie die Inkastraßen in jener Zeit genannt wurden, die das Reich durchzogen. Von hier aus werden die bekannten Fotos von Machu Picchu geschossen, die in unzähligen Fotoalben zu finden sind.
Der Abstieg führt zum Palastviertel mit dem »Torreón« (»Rundturm«), auch »Sumturhuasi« genannt. Dieser runde, sich verjüngende Turm ist ein Meisterwerk der Steinmetzarbeit. Seine Mauer umfasst einen heiligen Felsen und ist mit diesem so fest verbunden, als wären beide aus einem Stück. In diesen gewachsenen Fels, der aus der Tiefe

Die steilen Terrassenanlagen waren wichtig für die Versorgung der Stadt (unten). Vom Haupttempel führt eine Treppe zu einer felsigen Anhöhe, auf der sich eine kegelförmige Stufenpyramide erhebt (rechts oben). Etliche Einwohner arbeiten als Träger für die Touristen (rechts unten).

Machu Picchu, die »Stadt in den Wolken« (oben), gehört zum Weltkulturerbe (rechts unten). Eine ungewöhnliche Form hat der als »El Torreón« bekannte Tempel (unten). Träger warten in Ollanta auf Kundschaft (rechts oben).

einer Grabhöhle aufragt, sind kleine Opfertische eingemeißelt. Am 21. Juni fällt der Strahl der Sonne in einer Linie durch das Trapezfenster direkt in eine wannenartige Vertiefung eines gewölbten Felsentisches, der die Mitte des Sonnentempels einnimmt.
Die Höhle unter dem Rundturm wird »Mausoleum der Könige« (auch »Königliches Grab«) genannt. Bingham wählte diese Bezeichnung, da er hier zwei vornehm gekleidete Mumien entdeckte, die mit Gold und Silber verziert waren – Gold- und Silberschmuck wurde aber nur von der Herrscherfamilie getragen. In der Nähe wurden bei Grabungen weitere Mumien und Skelette gefunden, wobei man auf zehn weibliche, aber nur ein männliches kam. Daraus leitet sich die Theorie her, dass Machu Picchu auch eine Tempelfestung für die Sonnenjungfrauen gewesen sein könnte.
Im Inneren des prachtvollen »Palacio de la Nusta« (»Palast der Prinzessin«) sind noch gut die Vorsprünge zu sehen, auf dem die Deckenträger auflagen. Vom Eingang des Hauses führt eine achtstufige steinerne Außentreppe zu einer Art Dachterrasse über dem Erdgeschoss. Der Eingang in das Obergeschoss hat wieder die typische Trapezform.
Auf dem Weg zwischen der Brunnen- und der Haupttreppe, also in Richtung Hauptplatz, befindet sich der »Incahuasi« (»Königspalast«) mit mächtigen Mauern und eindrucksvollen Fenstern. Der Eingang zu diesem Gebäudekomplex besteht aus einem trapezförmigen Tor, das durch einen schweren Monolithen abgedeckt ist. Gegenüber dem Verbindungstor – zwischen Torreón und Königspalast und durch dieses hindurch sichtbar – steht eine Stützmauer aus polygonalen Blöcken, die auch zu einem frühgriechischen Bau, wie dem Apollo-Tempel von Delphi, gehören könnte.
Auf der östlichen Seite befindet sich der »Tempel der drei Fenster«. Der Blick aus den Tempelfenstern gehört zu den großartigsten visuellen Erlebnissen der Anden – man sieht subtropischen Urwald und darüber die schneegekrönte Gipfelkette der über 5000 Meter hohen Ostkordillere. Unten in der Schlucht schleift sich der Urubamba weiter seinen Lauf in das Granitbett.
Der auf einem kolossalen Felsfundament mit kunstvollen Steinmetzarbeiten zum Intihuatana hin liegende »Carpahuasi« (»Haupttempel«) birgt einen riesigen Altar, einen Monolithblock, und wird deshalb auch »Haus des Altars« genannt. Ins Mauerwerk sind sorgfältig bearbeitete Blockplatten eingefügt. Dieser Tempel hat als einziger einen Nebentempel (Kapitel- oder Ornamentensaal), der auch als Sakristei bezeichnet wird, weil hier wahrscheinlich die Vorbereitung der Priester auf rituelle Handlungen stattgefunden hat.
Vom Haupttempel führen 78 Stufen zu einer felsigen Anhöhe, auf der sich eine kegelförmige Stufenpyramide erhebt. Hier, auf dem höchsten Punkt des sakralen Viertels, steht die »Intihuatana«, der »Ort, an dem die Sonne angebunden wird«. Das steinerne Sonnenobservatorium könnte astronomische Funktion gehabt haben, war aber möglicherweise auch ein Opferaltar. Über die von 16 Wasserbecken gesäumte Brunnenstraße Amanahuasi kann man auch zum »Tempel des Kondors« abschwenken, dem wichtigsten Trakt der Unterstadt, dem

eine kondorähnliche Bodenplastik den Namen gab. Dahinter erstreckt sich das sogenannte Gefängnisviertel. Hier gibt es Sitznischen mit steinernen Ösen, durch die angeblich die Hände der Gefangenen mit Holzbalken befestigt bzw. gefesselt wurden.
Das vollständig mit Mauern umgebene Viertel »Acllahuasi« (»Palast der Sonnenjungfrauen«) erreicht man normalerweise nur über eine 60-stufige Treppe vom »Intipampa« (»Sonnenfeld«) herauf. Da der Zutritt über drei nebeneinander angeordnete Eingänge führt, wird das Viertel auch »Viertel der drei Türen« genannt. Auch diese drei Eingänge konnte man jederzeit verriegeln.
Zwischen der Ober- und der Unterstadt liegt der große rechtwinklige Platz »Intipampa«, der sich in drei Ebenen gliedert und die Palast- und Tempelbezirke von den Wohn- und Arbeitsvierteln trennt. Hier fand, vor der imposanten Kulisse des Huayna Picchu (Junger Gipfel), alljährlich Ende Juni das große Inti-Raymi-Fest, das Sonnwendfest, statt. In der Mitte des Platzes befand sich ursprünglich ein aufrecht stehender Stein mit einer eingemeißelten Schlange.

Impressionen

Man sollte diesen Ort am frühen Morgen besuchen, bevor die Minibusse die Touristenmassen heranfahren. Auf einem der zahlreichen Ausguckplätze kann man seinen Gedanken nachhängen, dem Flügelschlag der Vögel lauschen und seine Augen an den steilen Hängen und tiefen Schluchteinschnitten weiden, an von Terrassen umrahmten Bergmassiven und dem reißenden Fluss im zerschnittenen Dschungelgebiet. Hier kann man den Duft der farbigen Blüten und exotischen Gewächse genießen, die um die Gunst der Insekten wetteifern. Was bleiben wird, das ist die Erinnerung an ein Meisterwerk indianischer Baukunst in schwindelerregender Höhe inmitten des tropischen Urwalds, die Ahnung von einer enormen menschlichen Leistung, die dieses Bauwerk höchster Vollendung und sinnhafter Architektur ermöglichte.

VILCABAMBA

Nachdem die Spanier das Inkareich erobert hatten, war Vilcabamba (»Heiliges Gebiet«) das letzte Rückzugsgebiet der Inka. Der von Manco Inca 1539 gegründete Ort erstreckt sich zwischen den Flüssen Apurímac und Vilcanota/Urubamba. Am 24. Juli 1572 wurde Vilcabamba la Viejo (Espíritu Pampa) von den Spaniern eingenommen, Túpac Amarú (1545 bis 1572) wurde gefangen genommen und in Cusco grausam hingerichtet.
Dass Espíritu Pampa tatsächlich das gesuchte sagenhafte Vilcabamba, die »verlorene Stadt der Inkas« war, stellte sich erst durch die Entdeckung des Amerikaners Gene Savoy (1927–2007) heraus, der 1963 erneut diese Stätte mit etwa 60 einfachen Gebäuden dokumentierte. Seine Funde und sein Buch *Antisuyo* erbrachten den Beweis, dass es sich tatsächlich um die untergegangene Stadt Vilcabamba handelte. Im Gebiet des Río Vilcabamba gibt es zahlreiche Ruinen aus der Inkazeit, so beispielsweise den Ort Vilcabamba Nuevo (San Francisco).

WEITERE INFORMATIONEN ZU VILCABAMBA

www.incatrail-peru.com/inka-trail/de/trekking-to-vilcabamba.php

45 Von Cusco zum Titicacasee – der Klassiker der Bahnfahrten

Erlebnisreiche Zugreise

Die Fahrt mit der »Andenbahn« von Cusco an den Lago Titicaca ist ein Klassiker der Bahnfahrten in Südamerika. Zwar benötigt der Zug für die etwa 380 Kilometer lange Strecke bis Puno rund neun Stunden, doch entschädigen die herrlichen Ausblicke auf Dörfer und Landschaften für die lange Fahrt in beschwerlicher Höhe. Nur eine Besichtigung der Sehenswürdigkeiten unterwegs ist leider nicht möglich.

Auf der Strecke zwischen Cusco und Puno (oben). Die Vicuñas stehen heute unter Naturschutz (unten). Auch die Einheimischen nutzen die Schmalspurbahn der Perurail (rechts unten), die auch mitten durch das Bergdorf Aguas Calientes führt (rechts oben).

Ausgesprochen spektakulär zeigt sich das Land der Inka auf der Strecke zwischen Cusco und Titicacasee. Die Attraktionen kann man zwar nur flüchtig vom Zugfenster aus sehen, doch diese Weite, diese Stille – man kann sie spüren, sich in ihr verlieren und sich in dieser Einöde für den einzigen Menschen auf der Erde halten.

Von Cusco über das Hochland

In der Morgendämmerung kriechen die Schatten aus den Tälern und geben den Blick frei auf ein Panorama, in dem sich grandiose Gebirgskulissen und jahrhundertealte Kulturlandschaft in einzigartiger Weise verbinden. Südöstlich von Cusco passiert man zunächst San Sebastian, ein typisches Andendorf auf 3300 Metern Höhe. Sehenswert sind Gemälde des großen indigenen Künstlers Diego Quispe Tito (1611–1681) in der Barockkirche an der Plaza de Armas. Außerdem fand hier 1538 die Schlacht von Salinas zwischen Diego de Almagro (1475 bis 1538) und Hernando Pizarro (geb. 1475 o. 1508, gest.1578 o.1608) statt, als es um die Macht im zukünftigen Peru ging. Nach 32 Kilometern fährt man durch Oropesa (wegen seiner vielen Backstuben als »Stadt des Brotes« bekannt). Die Strecke steigt nun leicht an. Auf der Passhöhe kommt die Ruine eines großen Tores, Rumicolca, in Sicht. Der nächste Stopp heißt Andahuaylillas mit einer äußerlich eher bescheiden wirkenden Lehmziegelkirche der Jesuiten. Hinter Andahuaylillas folgen Straße und Schienen für die nächsten 140 Kilometer wiederum dem Vilcanota-Tal.
Nächste Station ist Urcos am Rand einer fast verlandeten Lagune, in der angeblich die tonnenschwere Goldkette des Inka Huáscar versenkt worden sein soll. Der Ort ist bekannt für seinen bunten Sonntagsmarkt, auf den sich nur selten Touristen verirren. Die Einheimischen bieten hier *chutas* (Weizenbrote) an. Im

PERURAIL

1522
PERURAIL

Die Bahnfahrt führt über die eintönige Puna (oben) bis Juliaca (Mitte), wo Frauen Obst und Souvenirs verkaufen (unten). Dann erreicht die Bahn am Titicacasee entlang (rechts unten) ihr Ziel, die Stadt Puno. Die Ruinen des Viracoacha-Tempels bei Raqchi (rechts oben).

Norden der Hochebene liegen zahlreiche Siedlungen mit sehenswerten kulturellen Stätten. Den Renaissancestil repräsentiert vor allem die kleine Kirche in Urcos, die sich über Ruinen aus der Inkazeit erhebt. An der Fassade der einschiffigen Kirche öffnen sich zwei übereinandergelagerte Säulengänge. In der rauen und kalten Hochebene wurden bereits um 1600 zahlreiche Kirchen gebaut, die mit gotischen und Mudéjar-Elementen durchsetzt sind. Das Besondere dieser Bauten ist ein großes Atrium mit einer überdachten Säulenhalle.

Vorbei an verschlafenen Dörfern wie Cusipata erreicht man Checacupe, das andine Dorf Combapata und Tinta, Heimatdorf des Freiheitskämpfers Túpac Amarú II. (1738–1781).

Vom Zug aus sind jetzt flüchtig die Ruinen von Raqchi zu sehen. Feiner Sand hüllt bald den ganzen Zug in eine dünne Dunstwolke. Von den kleinen Gehöften am Rande der Strecke, aus Sand und Lehm erbaut, kann man kaum etwas erkennen. Mauern, die mit Kakteen bewehrt sind, schützen die Felder vor dem Wind.

In Sicuani, der Heimatstadt bekannter peruanischer Dichter, bieten eifrige Händler lautstark Getränke, Obst, *empanadas* und andere Leckereien durch das Zugfenster an – eine gute Gelegenheit für eine kleine Stärkung.

An der Wasserscheide zwischen Pazifik und Atlantik

Dann schnauft die Diesellok zum Pass La Raya (auch Punto Culminante) auf einer Höhe von 4313 Metern hinauf. Der Pass ist die südamerikanische Wasserscheide zwischen Atlantik und Pazifik. Hier kann man kurz aussteigen, um bei den Händlern ein Souvenir zu erstehen. Im Nordosten sieht man die Eisflanken des 5489 Meter hohen Chimboya.

Plötzlich steigen Dampfwolken aus einer grünen Wiese auf. Die bis zu 400 warmen Quellen von Aguas Calientes könnten zu einem entspannenden Bad einladen. Der Zug hält hier aber nur kurz. Hinter der Passhöhe beginnt der berühmte Altiplano. Diese andine Hochebene zwischen 3500 und 4000 Metern Höhe zieht sich von hier über den Titicacasee bis weit nach Bolivien hinein. Links sieht man wieder einen Eisriesen, den 5443 Meter hohen Cunurana. In der Ferne entdeckt man weidende Alpacaherden – ein friedliches Bild vor den sich drohend immer höher reckenden Berghängen.

Letzte Etappe: Hütten und Ackerfelder

Der Schaffner setzt sich zu den Touristen und beginnt ein holpriges Gespräch mit den *gringos*. Auf seiner Mütze prangt in silbernen Buchstaben ein stolzes »Conductor«. Hinter den Fenstern, durch die ein kalter Wind bläst, verschwindet die spärliche Vegetation jetzt gänzlich. Die Luft ist dünn und rein; die Farben der Andenlandschaft leuchten intensiv.

Die reichhaltige Mahlzeit eines Touristen steht in beschämendem Kontrast zu der öden Landschaft draußen, wo sich die Hochlandbauern mit der sonnenverbrannten Erde plagen. Am Mittag steht die Sonne steil in der Hitze des Tages, die durch einen kalten Wind von Zeit zu Zeit unerwartet unterbrochen wird, bevor die intensive Sonnenstrahlung wieder auf die Haut brennt.

Aus den Schornsteinen der vereinzelt auftauchenden Hütten aus Stein und Stroh an den Seiten der Bahnstrecke steigt spärlicher Rauch empor. Ackerfelder erstrecken sich bis auf halbe Höhe der Berghänge.

Über Santa Rosa erreicht der Zug das wichtige Handelszentrum Ayaviri. Das Treiben auf dem Bahnhof ist lebhaft. Hinter dem Bahnhofsgebäude kann man eine kleine Kirche erkennen. Von Ayaviri sind es noch 31 Kilometer bis Pucará. Hier könnte man die Ausgrabungen zweier Tempel der Pucará-Kultur und eine Kirchenruine der Spanier besichtigen, wenn man denn die Fahrt unterbrechen würde.

In Juliaca gibt es einen längeren Aufenthalt – wieder eine Gelegenheit für Einheimische und Fremde, ihre Geschäfte abzuwickeln. Aus den Eisenbahnfenstern hinaus und während der Rangiermanöver werden Alpacapullis, Lamahausschuhe, Bananen und Orangen erstanden. Während des Aufenthalts wurden früher einige Waggons der Andenbahn abgekoppelt, die weiter Richtung Küste nach Arequipa fuhren. Derzeit verkehren allerdings keine Passagierzüge mehr zwischen Juliaca und Arequipa.

Bis nach Puno am Titicacasee, dem Ziel dieser Bahnreise, ist es nun nicht mehr weit. Es kann allerdings gut und gern zwei Stunden dauern, bis der Zug wieder abfahrbereit ist. Deshalb ist es ratsam, in den bereitstehenden Bus umzusteigen, der bis Puno nur eine Dreiviertelstunde benötigt. Die Gleise der Eisenbahn winden sich am eindrucksvollen Titicacasee entlang. Die Fahrgäste des Zuges sehen davon allerdings nicht viel, da schon längst die Nacht hereingebrochen ist.

Die Andenbahn verkehrt derzeit dreimal pro Woche ab Cusco (Estación Huánchac, Av. Pachacútec) bzw. Puno. Die Fahrtzeit beträgt etwa neuneinhalb Stunden. Die First Class bietet Komfortsessel und Aussichtswaggon sowie Mittagessen.

DIE RUINEN VON RAQCHI

Der sehenswerte Templo de Viracocha wurde vermutlich erst später dem achten Inca Viracocha (reg. 1410–1438) geweiht, der den Namen des Schöpfergottes der Inka trug. Mit seinen zwölf Meter hohen und 100 Meter langen bemalten Mauern und Säulen aus Vulkangestein bildete der Tempel das religiöse Zentrum der Priester.

Der Grundriss, der eine für die letzte Inkaperiode typische Struktur aufweist, ist rechteckig. Das Innere ist der Länge nach durch eine große Mauer geteilt, die trapezförmige Türen hat. Die Wand musste wahrscheinlich den Dachfirst tragen. Nach Auffassung der Forscher waren die beiden »Schiffe«, in die das Gebäude zu teilen war, ihrerseits durch eine mittlere Reihe von zwölf Säulen getrennt. Diese stützten die Deckbalken – davon blieb aber nur eine aufrecht stehen. Sowohl die Säulen als auch die Tragmauer sind bis zu einer Höhe von etwa 2,60 Metern aus Stein; darüber sind sie in Tapia (mit großen luftgetrockneten Lehmblöcken) ausgeführt.

WEITERE INFORMATIONEN ZUR ANDENBAHN

Peru Rail in Cusco: Tel. 084-23-87-22/22-19-92, www.perurail.com

Auf der Sonneninsel Chinchana am Titicacasee (oben). Die typischen Bowler-Hüte wurden Ende des 19. Jahrhunderts aus Europa importiert und sind fester Bestandteil der Tracht bei den Frauen im Altiplano, der Hochebene zwischen Peru und Bolivien (Mitte). Einheimische im Schilfboot (unten). Leben auf der Schilfinsel im Titicacasee (rechts).

Am Titicacasee

Tiefblau leuchtet der Titicacasee in der Bucht vor der Halbinsel Copacabana (oben). Dieses Mädchen mit dem Lama lebt auf der Sonneninsel im Titicacasee (unten). Ein klassisches Schilfboot (rechts).

46 Titicacasee – höchstgelegener schiffbarer See der Welt

Ursprungsort des Schöpfergottes

Der Lago Titicaca ist einmalig – nicht nur wegen seiner ungewöhnlichen Lage in über 3800 Metern Höhe und seiner gewaltigen Ausmaße. Es sind vielmehr die besondere Stimmung, der meist stahlblaue Himmel und der Kontrast zwischen dem blaugrünen Wasser und der kargen Umgebung, die dieses Gewässer so faszinierend machen.

Über dem tiefblauen See jagen Wasservögel nach Fischen. Bis auf den tuckernden Motor des Bootes herrscht Stille. In Ufernähe erstrecken sich duftende Eukalyptuswälder. Jenseits des Sees leuchten in der Ferne die weißen Gipfel der Cordillera Real. Dann leuchtet der Himmel beim Sonnenuntergang in einem tiefen Scharlachrot – und eine unangenehme Kälte legt sich über das Land. Der Titicacasee ist berühmt für seine Sonnenauf- und -untergänge, die man besonders gut vom Hotel Isla Esteves auf der Halbinsel Esteves beobachten kann. Das Bauwerk war einmal ein spanisches Gefängnis für Patrioten des Unabhängigkeitskrieges, was man ihm heute aber glücklicherweise nicht mehr ansieht.

Titicacasee – Ursprung der Inka

Der Legende nach stieg einst der Schöpfergott Viracocha aus dem Titicacasee, erschuf die Sonne und in Tiahuanaco die Welt und den Menschen. »Es gab früher eine Zeit, in der die Erde finster dalag. Die Menschen litten unsäglich unter dem Mangel an Licht und richteten Klagen und Gebete an ihre Götter«, kann man beim spanischen Chronisten Pedro Cieza de León nachlesen. »Da stieg über dem See Titicaca in voller Pracht die Sonne auf, und alle brachen in großen Jubel aus.« Dann setzte der Schöpfergott Viracocha auf einer Insel im Titicacasee seine Nachfahren, Manco Cápac und dessen Schwestergemahlin Mama Ocllo, aus und vermachte ihnen einen Stab aus Gold. »Geht, wohin ihr wollt, und wenn ihr haltmacht, um zu essen und zu schlafen, so stoßt diesen Stab in die Erde. Wenn er darin stecken bleibt, lasst euch nieder und regiert die Völker mit Gerechtigkeit, Vernunft, Duldsamkeit, Liebe und Milde«. Nach dieser Legende machten sich die beiden Kinder auf und kamen in die Gegend des heutigen Cusco, wo der Stab in der Erde stecken blieb und sie die Inka-Dynastie gründeten.

Mädchen mit Schilfboot (oben). Schilfinsel im See (Mitte). Ganz vertieft und ohne einen Blick für den Fotografen untersucht die kleine Inselbewohnerin ihre Mütze (unten).

Binnenmeer zwischen Himmel und Erde

Nur wenige Orte wecken so viele Assoziationen wie der Titicacasee mit seinen »Islas Flotantes« (»Schwimmenden Inseln«). Eine Bootsfahrt zu den Uros auf ihren Eilanden gehört zum Pflichtprogramm eines Touristen. Die echten Uros sind zwar seit Jahrzehnten ausgestorben, jetzt leben hier die Aymarás, doch die Fahrt auf dem tiefblauen Titicacasee, in dem sich die hellen Wolken spiegeln, ist einfach überwältigend.

Der See, dessen Name sich aus den Aymará-Wörtern *titi* (Tiger) und *kak* (Felsen) herleitet, ist ein gewaltiges, bis 281 Meter tiefes Binnenmeer, das, 3810 Meter über dem Meeresspiegel gelegen, als »weltweit höchstgelegener schiffbarer See dieser Größe« gepriesen wird. Es gibt allerdings Seen weiter oben in den Bergen, die ebenfalls mit Booten befahren werden können. Der recht große Lago de Junín etwa liegt 4082 Meter hoch, ist jedoch kaum bekannt, obwohl er als Nationalpark unter Schutz steht. Die Wasserzufuhr des Titicacasees geht zu 47 Prozent auf Niederschläge und zu 53 Prozent auf Zuflüsse zurück. Einziger Abfluss ist der Río Desaguadero. Die enorme Wassermasse allein mildert schon das Klima an den Ufern des Sees und lässt noch in diesen Höhen Kartoffeln, Bohnen, Mais und den »Inkareis« Quinoa gedeihen. Der See wird durch die beiden Halbinseln Copacabana und Huata, die durch die 800 Meter breite See-Enge von Tiquina verbunden sind, in einen kleineren und einen sechsmal größeren See geteilt. Erst 1952 einigten sich Bolivien und Peru auf eine Grenze, die mitten durch den See verläuft.

Weite Flächen wirken wie Felder mit ihren Binsen, die die Grundlage für fast alles bieten, was die Menschen zum Leben benötigen. Der Himmel strahlt in dieser alpinen Höhe tiefblau und spiegelt sich in dem See, der mit einer Gesamtfläche von rund 8288 Quadratkilometern mehr als 15-mal so groß ist wie der Bodensee. Mit etwa 10 Grad Celsius ist das Wasser viel zu kühl zum Baden, aber Lachse und Forellen und viele andere Fische fühlen sich hier wohl. Die Aymará, die anstelle der ausgestorbenen Uros heute rund um den Titicacasee leben, räuchern Carachi, eine kleine Fischart, oder legen Süßwasserraubfische, Pejerrey, zum Trocknen in der Sonne aus.

Alltag am Titicacasee

Für die Menschen war das Leben in dieser Hochgebirgsregion schon immer mühsam und entbehrungsreich, denn obwohl die Böden hier fruchtbarer sind als in anderen Teilen des Altiplano, machen Überschwemmungen und Dürrekatastrophen sowie eisige Winter das Leben zur Qual. Die Uros, die Ureinwohner der Region, nannten sich »Seemenschen«, hatten eine dunkle, fast negroide Hautfarbe und waren überzeugt, schwarzes Blut zu besitzen. Sie glaubten auch, dass sie wegen dieses besonderen Blutes nicht ertrinken würden und als Einzige in der Lage wären, die kalten und feuchten Nächte auf ihren »schwimmenden Inseln« aus Binsen zu überstehen.

Nicht einmal die Inka schafften es, dieses stolze Volk zu unterwerfen. Die Uros entgingen den Tributforderungen durch Rückzug in das undurchdringliche Schilfgewirr des Titicacasees. Der Über-

lieferung nach sollen die Inka eine 2000 Kilogramm schwere, faustdicke Kette aus purem Gold im See versenkt haben. Mit dem Schatz sollte eigentlich der Inkaherrscher Atahualpa von den Spaniern ausgelöst werden. Da der König aber bereits hingerichtet worden war, ließen die Inka das kostbare Stück »verschwinden«. Doch niemand konnte den Goldschatz bisher entdecken. Selbst der berühmte Ozeanograf Jacques Cousteau (1910–1997) fand trotz wochenlanger Suche mit Mini-U-Booten kein Gold. Das Einzige, was er nach seiner Expedition der Weltöffentlichkeit vermelden konnte, war die Entdeckung einer bis dahin unbekannten, 60 Zentimeter langen dreifarbigen Froschart.

Die meisten Schilfinseln befinden sich in der Bucht zwischen Puno und der Capachica-Halbinsel. Doch nur, wenn in der Regenzeit (April bis Dezember) der Wasserspiegel steigt, erheben sich die etwa 70 bis 90 Eilande aus dem Wasser. Manche, wie Torani Pata, sind bis zu 2300 Quadratmeter groß, und es stehen mehrere Gebäude, auch eine Schule, darauf. Die Inseln aus fest verschnürten Schilfrohrbündeln müssen regelmäßig erneuert werden, denn nach sechs bis zwölf Monaten haben sie sich mit Wasser vollgesogen und beginnen zu faulen.

Immer mehr Menschen, vor allem jüngere, wollen nicht mehr in den unkomfortablen, einfachen Behausungen leben und ziehen lieber aufs Festland.

Friedliche Idylle

Man kann noch zwei größere Inseln mit einem Boot aufsuchen, die einen Besuch lohnen, allerdings nicht zu den »schwimmenden« Inseln gehören. In dreieinhalb Stunden ab Puno erreicht man die roterdige Insel Taquile. Dort steigt man vom Hafenanleger die steilen Stufen zum Eingangstor der Siedlung

Bis heute ist Fischfang für die Bewohner der Inseln ein wichtiger Erwerbszweig (links). Schilfboote werden zum Trocknen aufgestellt (rechts oben). In ihrer Freizeit stellen die Bewohner hübsche Webwaren her, die sie als Souvenirs verkaufen (Mitte). Es wird auch gekocht auf den Schilfinseln (unten).

Aus Binsen bestehen nicht nur die Boote (oben), sondern auch die schwimmenden Inseln selbst (Mitte), die von Puno aus in wenigen Minuten über den Wasserweg erreicht werden können (unten). Ruinen auf der Sonneninsel Chinchana (rechts unten). »El Fraile« (*der Mönch*) auf Tiahuanaco (rechts oben).

hinauf und wird sofort von Frauen in roten Jacken, schwarzen Röcken und Kopfumhängen empfangen, die einfache Übernachtungsmöglichkeiten in ihren Familien anbieten. Bekannt ist Taquile für seine strickenden Männer, die mit horizontalen Webstühlen weben, während die Frauen an kleineren, transportablen Webstühlen arbeiten. Verheiratete Frauen bevorzugen helle Bommel auf ihren Röcken, unverheiratete bunte Kordeln. Die Männer tragen ein helles gewebtes Hemd, eine schwarze Hose und einen breiten gewebten Gürtel. Verheiratete Männer haben gestrickte rote, unverheiratete rot-weiße Zipfelmützen. Taquile gehörte im 16. Jahrhundert einem Spanier, der hier eine Hazienda errichtete. Dann war sie vorübergehend Gefängnisinsel, und heute ist sie wieder im Besitz der Inselbewohner, die hier eine Webergenossenschaft gründeten. Die etwas größere Nachbarinsel Amantani war jahrhundertelang fast vergessen, ist mittlerweile aber zu einem exotischen Touristenmekka aufgestiegen. Auch hier kann man nur bei Familien übernachten und etliche Ruinen auf den beiden Hügelkuppen »Pacha Tata« und »Pacha Mama« besichtigen. Man kann sich auch von einem Schamanen die Zukunft aus den Blättern des Kokastrauchs lesen lassen.

Die heiligen Inseln der Inka

Keine 100 Kilometer nördlich von Tiahuanaco liegen die Isla del Sol und die Isla de la Luna im Titicacasee. Schon von Weitem sieht man die Inseln und Felsen aus dem tiefblauen Wasser ragen. Die Isla del Sol (Sonneninsel) gilt als der mythische Geburtsort der Inka, da hier Manco Cápac, der Sohn des Schöpfergottes Viracocha, zusammen mit seiner Schwester und Gemahlin Mama Ocllo dem Titicacasee entstieg, um das Volk der Inka zu begründen. Vom Bootsanlegeplatz Escalera del Inca (Inkatreppe) im Südosten der Isla del Sol zu Füßen der Ortschaft Yumani führen teilweise recht steile Stufen vom Ufer zu einem Brunnen hoch, dem Fuente del Inca y Milgrada. Neben der Treppe verlaufen Wasserkanäle. Das Wasser strömt hier aus drei Öffnungen einer Steinwand.

Die Ruine Pilcocayna weiter südlich ist ein zweistöckiges, rechtwinkliges Gebäude, das mit sogenannten »Bóvedas de Avance« (»Falsche Deckengewölbe«) aus übereinandergelegten Ziegeln konstruiert wurde. Die rechteckige, aus unregelmäßigen Steinen gefügte Anlage umfasst 15 Räume und ist zweistöckig angelegt. Der früher von einem Satteldach gedeckte Bau trug einen feinen Verputz und war außen gelb und innen rot bemalt. Seine Errichtung wird Inca Túpac Yupanqui (reg. 1471–1493) zugeschrieben, doch ähneln die gestuften Nischen eher der Bauweise von Chiripa und Tiahuanaco. Durch zwei Trapeztore des einstmaligen Inkapalastes genießt man einen herrlichen Blick von der dunklen Silhouette der Mondinsel bis zur Schneekrone der Cordillera Real und die beiden Gipfel des als göttlich verehrten Berges Illampú.

Bei Dreharbeiten zu dem Film »El Lago Sagrado« (»Der heilige See«) stießen Taucher nördlich der Sonneninsel auf den versunkenen Ruinenkomplex von Marka Pampa, den sie mit Sacsayhuamán verglichen. Diese Ruinen liegen acht Meter unter der Wasseroberfläche.

Ein Teil ihrer geborgenen Beute, die in den 1970er-Jahren entdeckt wurde – Keramiken der Tiahuanaco-Periode und Steinkästchen der Inkazeit sowie einige Goldarbeiten – kann zwischen armseligen Behausungen und verrosteten Wellblechhütten in einem weiß getünchten Gebäude, dem kleinen Museo Marka Pampa von Cha'llapampa, besichtigt werden. Die jüngste unterseeische Entdeckung vom August 2000 ist ein 200 Meter langer und 50 Meter breiter Tempel, dessen Alter auf 1000 bis 1500 Jahre geschätzt wird.
Im Norden der Insel liegt in der Nähe von Santiago Pampa der Chicana-Komplex mit Resten des »Incanotapa« (»Sonnentempels«), des »Palacio del Inca« (»Inkapalastes«) und der »Piedra Sagrada« (»Heiliger Felsen«), auch »Titicala« (»Stein der Wildkatze«) genannt. Um zu diesem heiligen Ort zu gelangen, mussten die Pilger drei von Priestern bewachte Tore (Puma Punku, Kenti Punku und Pilko Punku) durchschreiten und dabei Reinigungsriten absolvieren.

Auf der kleinen Isla de la Luna (Mondinsel) sind die wenigen Gebäude, die man besuchen kann, größtenteils verfallen. Das bedeutendste Bauwerk war der »Acllahuasi« (»Tempel der Sonnenjungfrauen«). In seiner Mitte befand sich eine mit Gold und Silber verkleidete weibliche Statue, die Wände des Tempels waren mit Blattgold und Silber verziert. Von dem Tempel, der auf Befehl Francisco Pizarros geplündert wurde, sind heute nur noch Ruinen erhalten. Die Sonnenjungfrauen wohnten in 35 Raumeinheiten im Inak-Uyo-Palast (am Nordostufer), dessen rechteckig angelegtes Mauerwerk man noch als Ruine sehen kann. Der hufeisenförmige Grundriss zeigt einen Zeremonialplatz, zu dessen Mitte hin sich zwei Sakralräume öffneten. Beide sind mit Idolnischen ausgestattet und von den Nachbarzellen aus nicht zugänglich. Vermutlich war eines der Sanktuarien der Sonne geweiht und mit Gold ausgekleidet, das andere, mit Silber drapiert, dem Mond.

SÄULEN MIT MENSCHLICHEM ANTLITZ – TIAHUANACO

Die Ruinen von Tiahuanaco (auch Tiwanaku) mit dem berühmten Sonnentor sind die bedeutendste archäologische Stätte am Titicacasee, allerdings in Bolivien. Die Kultur von Tiahuanaco, das sich auf der 3843 Meter hoch liegenden Ebene entwickelte, ist das kulturhistorisch bedeutungsvollste Ereignis im vorkolumbischen Bolivien, das zum Inkareich gehörte. Die Ruinen sind über ein weites Gebiet verstreut, dessen genaue Ausdehnung auch heute noch nicht genau feststeht. Leider wurde die Ruinenstätte jahrhundertelang als Steinbruch genutzt, zuletzt zum Bau einer Bahnlinie. Man kann sich deshalb kaum vorstellen, dass hier vor einem Jahrtausend eine Stadt mit 20 000 bis 125 000 Menschen bestand. Das, was nach den Plünderungen der Spanier und nach Verwendung der Steine als Baumaterial noch übrig ist, ist dennoch beeindruckend. Dem österreichischen Ingenieur Arthur Posnansky (1873–1946) ist es zu verdanken, dass Fotos existieren, in denen er festhielt, was oft nur wenige Stunden später gesprengt wurde.

WEITERE INFORMATIONEN ZUM TITICACASEE

www.punored.com/titicaca/amantani

Puno besitzt nicht nur eine Kathedrale mit eindrucksvoller Fassade (oben), sondern auch einen sehenswerten Markt (unten).

47 Puno – Hauptstadt der Folklore

Stadt zu Ehren des spanischen Königs Karl II.

Die herb-freundliche Ortschaft Puno wurde im Jahr 1668 vom Grafen von Lemos gegründet, weil man 1657 in der Nähe Silberminen entdeckt hatte. Zu Ehren des damaligen spanischen Königs Karl II. nannte man den rasch wachsenden Ort zunächst »Villa Rica de San Carlos de Puno«.

Ausgangspunkt für Ausflüge zum Titicacasee ist Puno. Der Ort ist nicht nur wegen seiner Höhenlage von 3855 Metern gefürchtet, sondern auch wegen der nächtlichen Kälte, die manchen Touristen in den ungeheizten Räumen nicht nur der billigen Hotels zusetzt.

Die Kathedrale an der zentralen Plaza de Armas, eine Jesuitenkirche mit eindrucksvoller Fassade, entstand erst 1757. Der Ort selbst war – als Spontansiedlung einer Silbermine – noch keine hundert Jahre zuvor gegründet worden. Von den gleichen zerrupften Hügeln, die die Metallschürfer durchwühlten, stammt auch der von den Dombauern gebrochene Sandstein. Das Portal wirkt zwischen den beiden massiven, aber unverziert gebliebenen Türmen aus glatten Quadersteinen etwas eingeklemmt. Die Steinmetzarbeiten bestehen aus fein gearbeitetem Schmuck und aus Rosetten im Eingangsbogen. Wer genau hinschaut, erkennt in der Ornamentik indianische Symbole: Kolibris, stilisierte Ananas, Sonne, Mond und Blumen aus dem Hochland. Selbst die Engel sind mit einem Charango (dem gitarreähnlichen Musikinstrument) dargestellt.

Das Innere der Kirche hingegen ist enttäuschend. Vor etwa 50 Jahren zerstörte ein Brand das ganze Mobiliar und die Bildnisse.

Diablada, das Teufelsmaskenfest

Heute gilt Puno als »Folklore-Hauptstadt« Perus. Das ganze Jahr über finden Volksfeste statt, wobei sich vor allem die Fiesta de la Virgen de la Candelaria am 2. Februar (Mariä Lichtmess) und die Puno-Woche im November zur Erinnerung an die sagenumwobene Auferstehung von Manco Cápac (1200–1230) und Mama Ocllo aus dem See durch besondere Farbenpracht auszeichnen.

Der Höhepunkt der Feierlichkeiten zum Fest der Virgen de la Candelaria ist die mehrtägige Diablada, das Teufelsmaskenfest, bei dem die Tänzer durch die engen Gassen Punos toben und die verschiedenen Tanzgruppen miteinander in musikalischen Wettstreit treten. Dazu bläst die »Teufelsband« lautstark im typischen Diablada-Rhythmus.

48 Sillustani – die Türme des Schweigens

Die Begräbnistürme der Cholla und Inka

Auf einem 150 Meter hohen Berg auf einer Halbinsel an der Laguna de Umayo südlich von Sillustani stehen runde und eckige Begräbnistürme aus der Colla- und der Inkazeit, sogenannte Chullpas, die aus Basalt- und Trachytsteinen fugenlos zusammengesetzt wurden. Darin bestatteten erst die Colla, dann die Inka ihre wichtigsten Persönlichkeiten.

Sillustani mit seinen Chullpas hat eine besondere Ausstrahlung, insbesondere wenn am Nachmittag die Sonne im Gegenlicht auf den glitzernden See und auf die Insel Umayo fällt und die Weite des Altiplano am Horizont mit den schneebedeckten Bergen verschmilzt.
Die Colla-Kultur bestattete hier in der Zeit zwischen 1200 und 1450 ihre Adeligen, bevor die Inka das Gebiet eroberten. Diese übernahmen den Begräbniskult der Colla, deshalb sind heute neben neun Chullpas der Colla auch 26 der Inka zu sehen.
Der Aufstieg ist wegen der dünnen Luft beschwerlich, doch der Duft der Minze, die zwischen den Gräsern am Boden wächst, schafft Erleichterung.

Die Grabtürme am Umayo-See

Der größte Grabturm, der »Chullpa del Lagarto« (Eidechsen-Chullpa), war einst zwölf Meter hoch; er erweitert sich allmählich nach oben und hat an der Spitze eine Kuppelwölbung. Man erkennt das Relief einer Eidechse, das dem Turm seinen Namen gab. Auf der Rückseite ist der innen mit Steinmaterial gefüllte Turm aufgeplatzt. Das Bauwerk, das von den Inka stammt, hatte fünf Stockwerke, die nötig waren, um all die Toten, die hier untergebracht wurden, einzumauern. In der Nähe fanden Archäologen im November 1971 in nur 80 Zentimetern Tiefe einen unglaublichen Schatz aus 501 Einzelteilen mit insgesamt 3,8 Kilogramm Gold, 134 Türkisen und vielen vergoldeten Schmuckstücken. Der Fund stammt mit Sicherheit aus der Inkazeit. Zwei Grabtürme sind unvollendet geblieben. Bei dem einen sieht man noch die Rampe, über die man bei der Errichtung die Steinquader hochtransportiert hatte.
In der Nordwest-Ecke der Halbinsel fällt am Ufer des Umayo-Sees eine rechteckige Konstruktion auf, die als »Baño del Inca« (»Bad des Inka«) bezeichnet wird. Hier wurden vermutlich Wasserrituale und Wasserkulte abgehalten.

Mann in traditioneller Tracht vor einem Begräbnisturm: Die Begräbnistürme (oben) über der Laguna Umayo (unten) zeugen davon, dass die Uferregion des Titicacasees schon lange vor den Inka bewohnt war.

Dieser Glasfrosch lebt im Manú-Nationalpark (oben). Die Rote Helikonie ist eine typische Pflanze des peruanischen Regenwalds (Mitte). Yagua-Mädchen (unten). Die Stadt Pevas ist die älteste peruanische Stadt am Amazonas (großes Bild).

Amazonas

Der Amazonas und seine zahlreichen Nebenarme schlängeln sich durch den Dschungel von Peru (oben). Der bunte Ara ist ein typischer Bewohner des Regenwalds (unten). Ein Kanu auf dem Amazonas (rechts oben). Blick auf den Amazonas bei Iquitos (rechts unten).

49 Amazonas-Tiefland – die Lunge der Erde

Das »Land der Amazonen«

Eine Reise durch die spektakulären tropischen Regenwälder des Amazonas führt in die »Lunge der Erde« mit unzähligen, teilweise noch unerforschten Tieren und Pflanzen. Noch heute leben im Amazonas seltene Fische und Delfine, die sonst nur im Pazifik vorkommen – eine Folge der Faltung des Andengebirges vor vier Millionen Jahren, das die Verbindung zum Ozean unterbrach.

Als erster Europäer befuhr der Spanier Francisco de Orellana (1511–1546) mit 57 Söldnern in den Jahren 1541/42 den Amazonas. Das Flusssystem wurde noch eine Zeit lang nach ihm »Río Orellana« genannt. Ihn begleitete der humanistisch gebildete Dominikanerpater Gaspar Fray de Carvajal (1500–1584), dem sich bei der Begegnung mit einem kriegerischen Frauenstamm der Vergleich mit den klassisch-mythischen Amazonen aufdrängte – der Begriff vom »Río Amazonas« war geboren. Carvajal, der bei einem Angriff der »Amazonen« ein Auge verloren hatte, engagierte sich nach seiner Rückkehr noch viele Jahrzehnte für die Rechte der Indianer.
Fast neun Monate benötigten die Spanier, um unter großen Entbehrungen bis zum Atlantik vorzustoßen. Für sie wurde die Amazonasregion tatsächlich zur »grünen Hölle«: Die meisten starben bei dieser Tortur. Für die Touristen von heute ist das Land einfacher zu erkunden. Von den zahlreichen Lodges bei Iquitos, Pucallpa oder Puerto Maldonado aus beginnen die Streifzüge mit Führung durch das »grüne Universum« – und sind nach ein paar Stunden oder Tagen wieder zu Ende.
Heute schützen Reservate die einheimische Flora und Fauna. Insgesamt gibt es in Peru 63 Natur- oder Landschaftsschutzgebiete, die insgesamt ungefähr 14 Prozent des Staatsgebiets umfassen. Man unterscheidet je nach Schutz- und Nutzungsmöglichkeiten verschiedene Kategorien: Parks, Reservate, nationale Heiligtümer, historische Heiligtümer, Ausschlusszonen, Jagdgebiete, Schutzwälder und Gemeindereservate.

Die »Perle des Amazonas»

Nach fast zwei Stunden Flug ab Lima ist Iquitos erreicht, das peruanische »Tor zum Atlantik«, leicht übertrieben auch »Perle des Amazonas« oder »Venedig des Amazonas« genannt, und nur per

Der Bamboo Forest ist bekannt für sein Angebot des Bird Watching (oben). Pirañias (hier nahe Tamishiyaco, Loreto) sind ein Leckerbissen (Mitte). Wäschewaschen an einer Lagune (unten).

Schiff oder Flugzeug erreichbar. Bei Iquitos vereinen sich der Río Ucayali und der Maranón zum mächtigen Amazonas, der hier schon rund zwei Kilometer breit ist, obwohl die Mündung noch rund 5500 Kilometer entfernt liegt.

Die Anfänge der Stadt gehen auf eine einfache Missionsstation der Jesuiten zurück, die zusammen mit den Franziskanern Mitte des 17. Jahrhunderts mehrere Missionen (sogenannte Reducciones) gründeten. Die Reduktion von Santa Pablo de los Napeanos wurde 1757 als erster Flusshafen an der Stelle gegründet, wo damals die Napeano-Indianer lebten. Nach der Vertreibung der Jesuiten im Jahr 1769 wurde der Ort in Caserio de los Iquitos umbenannt, nach der indianischen Gemeinschaft der Iquitos, die damals am Río Alto Nanay siedelten.

Während des Kautschukbooms Ende des 19. Jahrhunderts entstanden hier prächtige Villen und Paläste, die mit Fliesen aus Portugal, Spanien und Italien ausgestattet wurden. Noch heute kann man die architektonischen Zeugnisse dieser Zeit bewundern – die alten Herrschaftshäuser mit den Azulejos (Wandkacheln) aus Portugal und Italien säumen die Calle Prospero südlich der Plaza de Armas. Sehenswert ist zudem die Casa de Hierro (Eisernes Haus) an der Plaza de Armas. Der heutige »Club Social« stammt aus einer belgischen Werkstatt; der Kautschukbaron Anselmo del Aguila hat das Gebäude auf der Weltausstellung in Paris 1889 gekauft und eingeschifft. Noch zur Zeit des Kautschukbooms trafen die Einzelteile in der Dschungelstadt ein. Doch der Reichtum war nur von kurzer Dauer und fand mit der Erfindung des synthetischen Kautschuks ein jähes Ende.

Es ist die Natur, die im Amazonasgebiet begeistert. Geld wird jedoch nicht nur mit dem Tourismus verdient, sondern vor allem mit dem Erdöl, das im peruanischen Amazonasgebiet gefördert wird. Und dieses bedroht auch die ganze Naturlandschaft. Heute ist die Stadt zudem ein wichtiger Umschlagplatz für Hölzer, Paranüsse und Tabak. Die industrielle Verarbeitung von Früchten des Regenwaldes wie den Camu Camu, der Carambola (Sternapfel) und dem Palmito (Palmherz) hat große Bedeutung für den Exportsektor.

Das Wetter ist hier zwar immer tropisch heiß und feucht, doch kann Iquitos jederzeit besucht werden, denn im Gegensatz zu den meisten peruanischen Dschungelstädten gibt es hier keine eigentliche Regenzeit. Stattdessen ist das Jahr unterteilt in eine Zeit des Hochwassers (Dezember bis Mai) und eine Niedrigwasserphase (Juni bis November).

Und so entstand infolge des enormen Höhenunterschieds des Wasserstandes zwischen Regen- und Trockenzeit ein typisches Amazonasdorf mit Hausbooten, schwimmenden Hütten-Plattformen und hohen Pfahlbauten – der Stadtteil Belén, die »schwimmende Stadt«.

Während der Regenzeit steigt der Amazonas beziehungsweise der Río Itaya hier bis zu zehn Meter hoch. Die Hütten wie die Hausboote schwimmen dann auf dem Wasser. Auf den Kanälen zwischen den Häusern paddeln Händler mit ihren voll beladenen Booten. In der Trockenzeit sacken viele der schwimmenden Holzplattformen dann wieder auf den Grund.

Dschungeltouren und Kreuzfahrten

»Im tropischen Regenwald, während des stillen Gehens entlang der schattigen Pfade und während des Bewunderns jeder folgenden Aussicht, wünschte ich eine Sprache zu finden, um meine Ideen auszudrücken. Ein beschreibendes Wort nach dem anderen ward gefunden, zu schwach, um für diejenigen, die die tropischen Regionen nicht besucht haben, dieses Gefühl von Wonne zu beschreiben, welches der Geist erfährt«, schrieb Charles Darwin beim Besuch des Amazonas-Tieflandes.

Allerdings: Auf den ersten Blick sieht man den Wald vor lauter Bäumen nicht – die Biodiversität des Regenwaldes erschließt sich einem nur mit viel Geduld und genauer Beobachtung. Der Regenwald ist eine Begegnung, die sich wie glänzende Seide nur langsam entfaltet und dabei ihre Schönheit in vielen Varianten erst allmählich preisgibt.

Mann kann beispielsweise viel über Heilpflanzen lernen. Noch heute wenden die Indianer Heilpflanzen des Urwaldes an, wozu insbesondere zwei Substanzen gehören, die bereits ihren Siegeszug durch die »Alte« Welt begonnen haben. Die Uña de Gato (Katzenkralle), die in der Umgebung von Flüssen auf sehr feuchtem Grund oder auf Böden, die zeitweise von Wasser bedeckt sind, wächst, ist eine kräftige Liane von drei bis neun Zentimeter Durchmesser und einer Länge von vielen Metern. Wenn man die Rinde abschneidet, findet man innen ein rotes Holz. Etwa 30 Gramm Rinde werden in einem Liter Wasser aufgekocht. Der Sud wird zur Stärkung der Immunabwehr, bei Arthritis, bei Problemen der Atmungsorgane oder bei Geschwüren angewandt. Und dann ist da noch Sangre de drago, ein dickflüssiges Harz, das aus den Stämmen eines feinblättrigen Baumes gewonnen wird, ähnlich wie man Kautschuk aus dem Gummibaum gewinnt. Das Harz enthält das seltene Alkaloid Taspin, das die Wundheilung beschleunigt. Der Saft besitzt auch phenolische Komponenten mit antiseptischer Wirkung. Das rote, flüssige Harz wird über die Wunde und

Typisches Holzhaus auf Stelzen im Amazonasgebiet (links). Mädchen vom Amazonas (rechts oben). Rote Kakaobohne: Peruanischer Kakao wird zwischen den Anden und dem Amazonas angebaut (Mitte). Kleines Boot am Ufer eines Amazonas-Nebenarms (rechts unten).

Ameisenbaum im Regenwald (oben). Goldfarbener Toucanet pflückt Früchte für seine Jungen (Mitte). Tambopata. Familie der Yagua-Indianer (unten). Der Yumbilla-Wasserfall (rechts unten) ist mit ca. 870 Metern in drei Stufen einer der höchsten Wasserfälle der Erde. Sonnenuntergang an einem Nebenfluss des Amazonas (rechts oben).

die Haut gestrichen, wo es schnell trocknet und weiß wird. Es schützt so die Wunde sowohl physisch wie auch gegen Bakterien. Unverdünntes Sangre de drago wird von den Indianern auch bei Magengeschwüren eingenommen.

Ein besonders interessanter Ausflug führt über ein ausgedehntes Wegesystem in Höhe der Baumkronen. Es besteht aus 14 Plattformen, an denen in 35 Metern Höhe 500 Meter lange Brücken hängen. Diese Hängebrücken-Konstruktion führt zwischen und über Urwaldbäumen durchs Grün, sodass man faszinierende Einblicke in die verschiedenen Stockwerke des Regenwaldes bekommt. Der »Canopy Walkway« des »Amazon Center for Environment Education and Research« ist das einzige Urwaldhänge-Brückensystem Südamerikas und das längste der Welt. In den Morgen- und Abendstunden können zahlreiche Vögel gut beobachtet werden.

Ein besonderes Highlight im Regenwald ist eine mehrtägige Kreuzfahrt auf dem Amazonas. Von Bord aus kann man bei aller Gemütlichkeit sehen, wie der Dschungel an einen vorbeizieht. Man bekommt Einblick in das Leben der Ribereños (Uferbewohner), kann vielleicht die rosa Flussdelfine sehen und mit den Beibooten zu kleinen Lagunen und Seitenarmen fahren, um Indianerdörfer zu besuchen.

Puerto Maldonado und die Minerallecke der Aras

Nur 30 Flugminuten von Cusco entfernt liegt am Zusammenfluss der Flüsse Madre de Díos und Tambopata die Ortschaft Puerto Maldonado, in der seit den 1970er-Jahren »Wildwest-Stimmung« herrscht. Hier wurde an den Sandbänken der Flüsse erstmals Gold gefunden. Doch für ausländische Besucher ist der tropische Regenwald mit seinen prächtigen Blüten und der bunten Vogelwelt der eigentliche Höhepunkt der Reise.

Als empfehlenswert gilt die Bootsfahrt zum Oberlauf des Río Tambopata, einem Zufluss des Río Madre de Díos, wo die »Collpa« (Minerallecke) zahlreiche Aras und andere Papageien anlockt. An einem steilen Flussufer stillen sie morgens an dem Lehmfelsen mit außerordentlich hohem Salzgehalt ihren Bedarf an Mineralien. Als Tipp gilt auch der erst 1996 gegründete Nationalpark Bahuaja-Sonone, der sich bis zur bolivianischen Grenze erstreckt und dort nahtlos in den bolivianischen Parque Nacional y Area Natural de Manejo Integrado Madidi übergeht. Der einzige Park der tropischen Feuchtsavanne in Peru ist allerdings neuerdings durch Konzessionen für Erdölfirmen bedroht.

Pucallpa und die Laguna Yarinacocha

Pucallpa, eine relativ junge, quirlige Stadt unmittelbar am Río Ucayali inmitten des Amazonasurwaldes, ist eigentlich keinen Besuch wert. Das Klima ist tropisch, die beste Reisezeit ist von Juni bis Oktober. In der Regenzeit versinken die Außenbezirke völlig im Schlamm, in der Trockenzeit pulvert der rote Staub. Mitte der 1950er-Jahre erlebte Pucallpa durch neue Erdölfunde einen Aufschwung.

Das Gebiet zwischen den Flüssen Huallaga, Pachitea und Ucayali wurde ursprünglich nur von den Shipibo,

Cashibo, Conibo und einigen anderen Indianerstämmen bewohnt. Im Jahr 1557 begannen Jesuiten und Franziskaner am Río Ucayali mit der Missionierung. Das eigentliche Pucallpa wurde jedoch erst 1888 unter dem Namen San Jerónimo gegründet und 1912 in Pucallpa (Rote Erde) umbenannt.
In Pucallpa gibt es keinen Tourismus wie in Iquitos, die Stadt und die Region eignet sich jedoch für Individualisten mit viel Zeit. Die meisten Reisenden fahren deshalb gleich weiter zur zehn Kilometer nördlich der Stadt gelegenen Laguna Yarinacocha, einem kleinen See inmitten tropischer Vegetation, der früher einmal zum Flusslauf des Río Ucayali gehörte. Vom etwas heruntergekommenen Nest Puerto Callao aus kann man mit Booten zu Dörfern der Shipibo fahren.

Ausklang am Amazonas

Noch im 16. Jahrhundert wurde in Europa ernsthaft diskutiert, ob die Indianer überhaupt Abkommen von Adam und Eva und somit menschliche Wesen seien. Die Goldgier der Spanier, die von den Weißen eingeschleppten Seuchen und der Raubbau an den Naturschätzen des Amazonas dezimierten die Ureinwohner, die sich heute in 50 verschiedene ethnische Gruppen unterscheiden.
Die Shipibo haben sich allerdings ihre ursprüngliche Kultur weitgehend bewahren können und sind Meister der Keramikproduktion. Die Tonwaren, die sie ohne Töpferscheibe herstellen, bemalen sie mit Mustern, die jenen aus der Inkazeit ähneln.
Einen Sonnenuntergang am Amazonas zu erleben, die Sonne hinter den Gipfeln der Urwaldriesen verschwinden zu sehen, das gelblich gleißende, dann knallrote Licht am langsam tiefblau werdenden Himmel auf sich wirken zu lassen – das gehört zu den unvergesslichen Naturschauspielen eines Dschungelerlebnisses an diesem riesigen, geheimnisvollen Strom mit seinen zahlreichen Zuflüssen.

DER GESTRANDETE FLUSSDAMPFER DES FITZCARRALDO

Der Name des Ortes Puerto Maldonado geht auf Faustino Maldonado zurück, der im 19. Jahrhundert als erster Europäer diese Region durchquerte. Ein gestrandeter Flussdampfer, der in der Nähe im Urwald liegt und aus der Zeit der vorigen Jahrhundertwende stammt, wird dem Gummibaron Carlos Fermín-Fitzcarrald (»Fitzcarraldo«) zugeschrieben. Er ließ ein Dampfschiff acht Kilometer quer durch den Urwald zum Río Manú schaffen. Davon handelt Werner Herzogs Spielfilm »Fitzcarraldo« (1977–81). Anders als im Film jedoch schiffte der echte Fitzcarraldo vom Río Ucayali flussaufwärts in den Río Urubamba, dann in den Río Inuya. Erst dort ließ er das Schiff in Teilen über den heute nach ihm benannten Isthmus tragen, wofür er Hunderte Ureinwohner beschäftigte – keineswegs Freiwillige. Das Wrack der »Molly Aida« aus dem Film rostet heute vor Iquitos vor sich hin.

WEITERE INFORMATIONEN ZUM AMAZONAS

Die für den Naturschutz zuständigen Stellen sind **SINANPE** (Sistema Nacional de Areas Naturales Protegidas por el Estado) und **INRENA** (Instituto Nacional de Recursos Naturales), www.inrena.gob.pe

Auto auf einer Piste im Regenwald des Manú-Nationalparks (oben). Drei gelb gepunktete Flussschildkröten (unten). Wurzeln einer Palme im Manú-Nationalpark (rechts unten). Hauben-Kapuzineräffchen bei der Fellpflege (rechts oben).

50 Manú-Nationalpark – Arche Noah im Regenwald

Das Regenwaldgebiet am Río Manú

Es ist das größte Regenwaldschutzgebiet der Welt und wurde von der UNESCO zum Biosphärenreservat und 1987 zum Weltkulturerbe erklärt – der Parque Nacional del Manú ist eine »Arche Noah im Regenwald«. Rund 82 Prozent des Nationalparks dürfen nicht betreten werden, doch etwa 13 Prozent stehen Forschern mit spezieller Erlaubnis sowie dem ökologisch ausgerichteten Tourismus zur Verfügung.

Die Selva, der grüne Regenwald im Osten der Anden, bedeckt rund 60 Prozent von Perus Terrain – eine Fläche, die mehr als doppelt so groß ist wie Deutschland. Während an den westlichen Hängen der Anden ein warmes und im Allgemeinen sonniges, nahezu mediterranes Wetter herrscht, wuchert am Ostrand des Gebirges an den Hängen unterhalb von 3000 Metern ein schier undurchdringlicher, üppiger Regenwald. Dank der großen Höhenspanne und der damit verbundenen erheblichen klimatischen Bandbreite hat sich hier eine faszinierende Vielfalt an Lebensräumen entwickelt. Allein im Manú-Nationalpark sind 1000 Vogelspezies zu Hause, etwa ein Zehntel aller Vogelarten der Welt. Über 100 Fledermaus- und über 500 000 Gliederfüßerarten kommen hier vor. Auch die Pflanzenwelt ist außerordentlich vielfältig – auf fünf Quadratkilometern zählten Forscher mehr als 3000 Pflanzenarten. Auf einem Hektar Fläche wachsen in diesem Regenwald mehr Baumarten als in ganz Europa.

Kautschuk – Segen und Fluch zugleich

Im Amazonas-Dschungel ist auch der Kautschukbaum zu Hause, der sowohl Reichtum als auch Elend über Land und Leute brachte. Nachdem Charles Goodyear im Jahr 1839 das Vulkanisieren – eine Methode, Gummi bei jeder Temperatur hart und fest halten zu können – entdeckt und John Boyd Dunlop 1888 der Welt den pneumatischen Reifen präsentiert hatte, stieg die Nachfrage nach Gummi enorm an. Während der Boomzeit schossen Städte wie Iquitos oder das brasilianische Manáus aus dem Urwaldboden und konnten sich jeden Luxus leisten. Doch schon 1876 wurden Tausende von Gummisamen außer Landes geschmuggelt, in Londons Kew Gardens ausgesät und später nach Süd-

ostasien gebracht und in groß angelegten Plantagen kultiviert. Der Kautschukboom war gegen 1912 beendet, die Preise für das begehrte Naturprodukt sanken ins Uferlose. Iquitos und die anderen Kautschukmetropolen gerieten in Vergessenheit, und das schwüle Tropenklima machte sich über die einst so prächtigen Residenzen der »Gummibarone« her.

Gefahren für den Regenwald

Vom Flugzeug aus betrachtet scheint der Urwald gigantisch und unversehrt wie eh und je. Aber der Blick aus dem Kabinenfenster täuscht. In den 1970er-Jahren wurden hier gewaltige Erdöllagerstätten entdeckt, inzwischen beuten internationale Unternehmen die Vorräte aus. Teilweise gelangt vergiftetes Bohrwasser in die Flüsse und Seen und gefährdet oder zerstört gar den Lebensraum von Tieren und Pflanzen, letzten Endes auch der Menschen.
Die größte Gefahr für dieses einzigartige, mit 50 Millionen Arten angefüllte »grüne Universum« ist jedoch der unkontrollierte Zustrom von Neusiedlern aus den Anden und den überfüllten Küstenstädten.
Das Naturschutzgebiet des 1968 gegründeten Parque Nacional del Manú, 100 Kilometer nördlich von Cusco, wurde 1977 zum Biosphärenreservat ernannt und 1987 von der UNESCO zum »Naturerbe der Menschheit« erklärt. Es gilt mit seinen 15 328 Quadratkilometern Fläche als einer der größten Urwaldnationalparks der Welt und umspannt Höhen von 2500 Metern im tropischen Regenwald über dichte Nebel- und Bergwälder hinweg bis zur baumlosen Hochebene der Puna in 4000 Metern Höhe.
Die strikte Sperrzone kann nur von Wissenschaftlern mit Spezialgenehmigung betreten werden. Touristen zugänglich ist nur eine kleine Ökotourismus-Pufferzone. Den unvorstellbaren Lärm des Urwaldes, das hundertfache ohrenbetäubende Gekreische, das Heulen der Brüllaffen, das Klatschen der Fische im gurgelnden Wasser, das Krachen plötzlich herabstürzender Äste – all dies wird man sein Leben lang nicht mehr vergessen.

SCHRUMPFKÖPFE UND INDIANER

Die Shuar (auch Jivaro genannt) sind eine der indianischen Völkergruppen am Amazonas. Sie waren früher berüchtigte Kopfjäger. Ihre Schrumpfköpfe *(tsantsa)* erfreuen sich als Souvenirs bei den Touristen immer noch großer Beliebtheit. Selbstverständlich gehört das Ritual, den Feind zu enthaupten, den Schädel zu entfernen und die Haut anschließend in einem Kochvorgang schrumpfen zu lassen, längst der Vergangenheit an. Deshalb bestehen *tsantsas* heute aus Affenköpfen, die mitunter als echte Schrumpfköpfe ausgegeben werden.

WEITERE INFORMATIONEN ZUM MANÚ-NATIONALPARK

APTAE (Asociación Peruana de Turismo de Aventura y Ecoturismo – Peruanische Vereinigung für Abenteuer- und Ökotourismus): www.aptae.org
Amazon Trails Peru Tour Operator (Ausflüge in den Manú-Nationalpark) Cusco, Calle Tandapata 660, Tel. +5184 984 71 41 48

Eine Gruppe roter und grüner Papageien an einer Salzlecke im Manú-Nationalpark.

Glocke der Kirche im Kloster Santa Catalina in Arequipa (oben). Auf dem Weg zum Markt in Pisac (Mitte). Kaktus im Hochland bei Puquio (unten).

Register

Personenregister

Ortsregister

Frau auf den Schilfinseln der Uros (oben). Bestickte Stoffe und Wollsäckchen auf dem Markt von Ollanta (Mitte und unten).

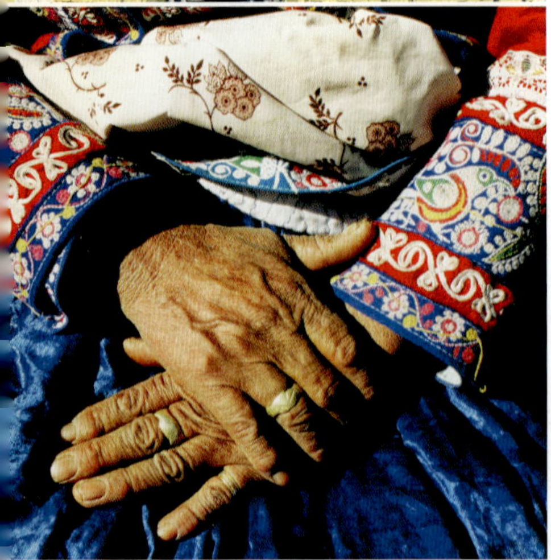

San Francisco in Lima (oben). Die Hände zeugen von harter Arbeit (Mitte).Verdienter Ruhestand: Männer in Lima (unten).

Impressum

Produktmanagement: Dr. Birgit Kneip
Textlektorat: Linde Wiesner, München
Kartografie: Astrid Fischer-Leitl, München
Layout: graphitecture, Rosenheim
Repro: Repro Ludwig, Zell am See
Umschlagtitel: Studio Schübel, München
Herstellung: Bettina Schippel
Printed in Italy by Printer Trento

Alle Angaben dieses Werkes wurden von den Autoren sorgfältig recherchiert und auf den aktuellen Stand gebracht sowie vom Verlag geprüft. Für die Richtigkeit der Angaben kann jedoch keine Haftung übernommen werden.
Für Hinweise und Anregungen sind wir jederzeit dankbar. Bitte richten Sie diese an:
Bruckmann Verlag, Postfach 40 02 09, 80702 München, E-Mail: lektorat@bruckmann.de

Bildnachweis:
Umschlag vorne: Machu Picchu/Vicunias: (c) mauritius images; Amazonas © Shutterstock
Innenteil: © Bildagentur Huber: 117 quer (Damm). – dpa picture alliance: 14 quer; 15 quer; 15 M.; 18 u.; 21; 32 o.; 39; 40 M.; 41 quer; 41 o.; 42 u.; 43 quer; 47 quer; 47 o.; 46 u.; 48 M.; 48 u.; 60 u.; 76 o.; 77 o.; 87 u.; 88 M.; 88 u.; 90 o.; 91 o. (akg), 92 o.; 96 o.; 108 u.; 126 o.; 128 u.; 129 quer; 132 M.; 135 quer; 140 o.; 147 u.; 157 quer; 163 o.; Aguilar 69 o.; Becom 164 M.; Bi 8 o.; Bowler 68 u., 71 quer; Caffrey 102/103; Carton 33o.; Cavendish 13 o.; Chuquiure 14 u.; Cockrem 32 u.; 52 u.; 54 M.; 55 u.; 164 u.; Cummins 67 u.; Daffey 66 u.; 80 M.; 128 M.; Della Bella 75(2); Dixon 82; 83 o. (Lonely Planet), 84 o.; epa efe Comercio Newspaper 27; Finn-Kelcey 127; Garcia 24 u.; Gerig 137 (2); Harms 117 o.; Heller 37 o.; Hupiu 43 o.; Kennedy 9 o.; 12 u.; 13 u.; 48 o.; 51 quer; 51 o.; 52 o.; 88 o.; 94 u.; 96 m; 97 o.; Köhne 93 quer; 99 o.; Longhurst 6/7; 15 u.; 24 o.; 30 u.; 36 o.; 124 M.; 125 o.; 134 u.; 136 o.; 127; 146 o.; 162 o.; 163 M.; 163 u.; Loos 77 quer; 81 quer; 84 u.; McCoy 16 0.; Narr 98 o.; P.; 124 o.; 125 quer; 129 o.; Pfefferle 150 o.; 159 o.; Philips 9 M.; 121 o.; Sweeney 18 M.; Swinnerton 2/3; Turski 53 o.; Wilhelmy 78 o.; 150 M.; 153 u.; 155 u.; 156 o.; 156 u.; Winebrenner 8 u.; 102 u.; Wise 46 o. Fotolia: 28 o.(Pedant). – Interfoto: 38 u. – Istock: 53 u.; 57 u.; 58 o.; 61 o.; 62/63; 120 o.; 121 quer. – LOOK-Foto: 5; 14 M.; 15 o.; 16 r.M.; 16 u.; 16 M.; 17; 18 o.; 19; 20 o.; 22 M.; 22 u.; 23 o.; 23 u.; 24 M.; 25; 30 M.; 31; 32 M.; 34/35; 37 quer; 38 o.; 57 o.; 40 o.; 42 o.; 44/45; 47; 54/55; 58 u.; 62 o.; 62 m 62 u.; 64(2); 65 quer; 69 u.; 70 o.; 70 u.; 72/73; 76 u.; 79; 80 u.; 81 o.; 82 u.; 83; 85 o.; 86 o.; 88/89; 93 o.; 94 o.; 95; 102 M.; 105(2); 106 M.; 107 u.; 109 quer; 111 o.; 115 o.; 116 o.; 122 u.; 126 u.; 128 o.; 131 u.; 133 u.; 138 o.; 140 M.; 140/141; 143; 144 o.; 145 o.; 145 M.; 145 u.; 148 u.; 150 u.; 152 o.; 153 o.; 154 o.; 154 M.; 156 M.; 158(2); 159 quer; 160/161; 164 o.; 166/167. – PD: 26 u.; 56 o.; 56 u.; 60 o.; 71 o.; 99 u.; 100(2); Panoramino 53 o.; 59 (2); 66 o.; 74 o.; 74 u.; 86 u.; 96 u.; Picasa 36 u.; 46 o.; Sonderegger, Christoph 150/151; Vmendozaf 28 u. – Shutterstock 26 o.; 67 o. – Waterkamp, Rainer 8 M.; 12 o.; 12 M.; 20 u.; 22 o.; 23 quer; 24 quer; 29 o.; 29 u.; 33 quer; 46 u.; 52 o.; 61 u.; 65 o.; 70 M.; 78 u.; 80 o.; 84 M.; 85 quer; 87 o.; 90 u; 91u.; 92 M.; 92 u.; 97 quer; 98 u.; 101(2); 102 o.; 104(2); 105(2); 106 o.; 106 u.; 107 o.; 107 quer; 108 o.; 108 M.; 109 o.; 110(2); 111 quer; 112(2); 113(2); 114(2); 115 quer; 116 u.; 118/119; 120 u.; 122 o.; 123; 124 u.; 130; 131 o.; 132 o.; 132 u.; 133 quer, 133 o.; 134 o.; 135 o.; 136 u.; 138 M.; 138 u.; 139(2); 140 M.; 140 u.; 142(2); 144 M.; 144 u.; 145 quer; 146 M.; 146 u.; 147 o.; 148 o.; 149(2); 152 u.; 154 u.; 155 o.; 155 M.; 155 quer; 157 o.; 162 M.; 162 u.

Die Deutsche Nationalbibliothek verzeichnet diese Publikation in der Deutschen Nationalbibliografie; detaillierte bibliografische Daten sind im Internet über http://dnb.d-nb.de abrufbar.

ISBN 978-3-7654-5436-3

In gleicher Reihe erschienen ...

ISBN 978-3-7654-5437-0

ISBN 978-3-7654-4889-8

ISBN 978-3-7654-4828-7

ISBN 978-3-7654-5154-6

ISBN 978-3-7654-4830-0

ISBN 978-3-7654-5368-7

ISBN 978-3-7654-5253-6

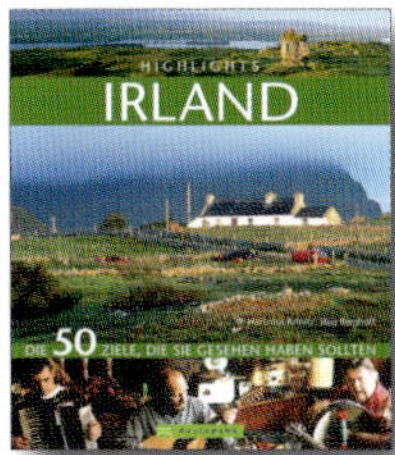

ISBN 978-3-7654-5214-7

ISBN 978-3-7654-5592-6

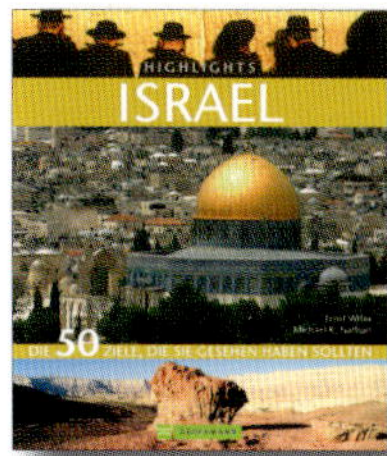

ISBN 978-3-7654-5598-8

ISBN 978-3-7654-4617-7

ISBN 978-3-7654-5594-0

ISBN 978-3-7654-5426-4

ISBN 978-3-7654-4760-0

ISBN 978-3-7654-4869-0

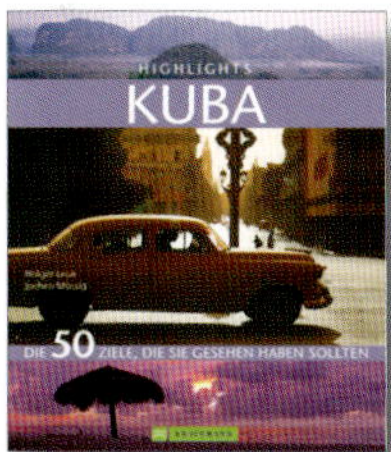

ISBN 978-3-7654-5596-4

ISBN 978-3-7654-4750-1

ISBN 978-3-7654-5751-7

ISBN 978-3-7654-4827-0

ISBN 978-3-7654-5436-3

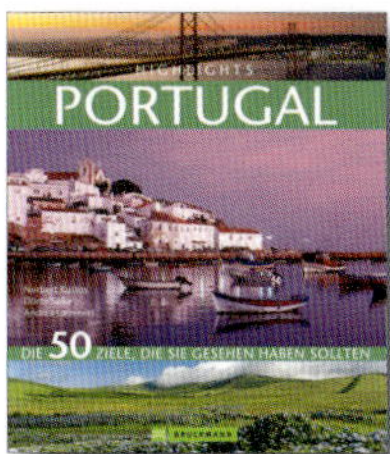

ISBN 978-3-7654-5533-9

ISBN 978-3-7654-4973-4

ISBN 978-3-7654-4748-8

ISBN 978-3-7654-5496-7

ISBN 978-3-7654-5144-7

BRUCKMANN
www.bruckmann.de